pure life

Simone Wille
mit Catherine Moll

pure life

NATÜRLICH KOCHEN.
BEWUSST GENIESSEN. GELASSEN LEBEN.

Fotos von Alexandra Kasper

Hölker Verlag

Kochen

KOCHEN IST ETWAS SCHÖNES. Essen auch. Wenn ich regelmäßig koche und dann bewusst für mich oder gesellig mit anderen esse, fühle ich mich besser – und zwar über den Moment hinaus.

Das Gute ist, dass ich damit nicht alleine bin. Wir denken heute wieder über das nach, was auf unseren Tellern landet. Woher stammt unser Essen? Wie bereiten wir es zu? Was tut uns gut? Wichtige Fragen, die uns näher zu einer vernünftigen und nachhaltigen Ernährung bringen.

Es gibt unzählige Kochbücher, Blogs und Magazine, die sich genau damit beschäftigen. Ich lese sie gerne – und ziehe mich genauso gerne von all dem ungestört in meine Küche zurück.

Ich esse am liebsten frisch und leicht, möchte mich aber nicht ständig angestrengt mit Essen auseinandersetzen. Meistens ernähre ich mich gesund, möchte es aber nicht müssen. Deshalb wünsche ich mir Rezepte, die Raum für Intuition und die eigene Kreativität lassen und die ich selbstbestimmt an die jeweilige Jahreszeit anpassen kann. Rezepte, die mich satt und zufrieden machen. Beim Kochen konzentriere ich mich auf das Wesentliche und genieße die Routine. Ich nehme die Ruhe und den Lärm in meiner Küche wahr. Die Sonnenstrahlen, die erst abends durch mein Fenster fallen. Und die frischen Produkte, mit denen ich arbeite.

Pure Life begleitet dich durch den Tag. Nicht durch Tageszeiten, sondern eher durch Verfassungen. Wenn du weiterblätterst, findest du Rezepte, die du saisonal variieren und an deine Bedürfnisse anpassen kannst. Die Mengenangaben solltest du nicht zu streng nehmen. Wenn eine Handvoll angegeben ist, dann spielt es keine Rolle, wie groß oder klein deine Hand ist – sondern wie viel du von der Zutat in deinem Gericht haben möchtest.

Neben den Rezepten findest du Meditationen, Atemübungen und Yogaabfolgen, die meine Freundin Catherine beigetragen hat. Warum? Im Englischen gibt es den Ausdruck „food and feelings". Auf Deutsch klingt das nicht ganz so schön, trifft aber genau, worum es geht: Wir kochen, wir essen, wir fühlen – untrennbar verbunden.

Yoga

OFT, WENN ICH mit meiner Yogapraxis beginne, hängen meine Gedanken noch irgendwelchen Schwierigkeiten nach, die schier unüberwindbar scheinen. Nach dem Yoga aber erscheint alles leichter. Die Probleme lösen sich nicht in Luft auf, aber ich nehme etwas Abstand, schaffe Raum und gewinne eine entspanntere Sichtweise.

Man braucht für Yoga keine besonderen körperlichen Fähigkeiten. Jeder macht das, was er kann und so gut, wie er es in dem Moment kann. Das Schöne an Yoga ist, dass du es nur für dich selbst praktizierst. Du musst dich mit niemandem vergleichen oder messen.

Durch Yoga habe ich einen besseren Zugang zu meiner Kraft und meinem Potenzial gefunden – körperlich und geistig. Für mich ist Yoga ein Weg, sich selbst besser kennenzulernen. Es ist, als ob man einen Raum in sich selbst schafft und so zu einem ruhigen und klaren Geist findet. Das Leben besteht aus Gegensätzen – Yoga kann das Bindeglied sein. Es ist ein Weg der Erfahrung, deiner eigenen Erfahrung. Mittlerweile gibt es ein riesiges Angebot an unterschiedlichen Yogastudios und verschiedenen Ausrichtungen. Wichtig ist, dass du etwas findest, das dir guttut und mit dem du dich wohlfühlst.

Ich möchte dir gerne eine Idee von Yoga vermitteln und dem, was es bewirken kann. Vielleicht motiviert dich dieses Buch, es einmal selbst zu versuchen und in deinen Alltag zu integrieren. Das soll nicht heißen, dass du von jetzt an morgens, mittags und abends eine Stunde meditieren oder auf deiner Matte üben musst. Achte einfach auf dich, spüre, was du gerade brauchst, und nimm dir Zeit. Schon fünf Minuten bewusste Atmung können viel bewirken.

Anfangsritual

Im Yoga gibt es eine Reihe von verschiedenen Ritualen, wie man seine Praxis beginnt. Zu Hause habe ich mir einen schönen Platz gesucht, von dem aus ich ins Grüne blicke. Eine Kerze oder ein paar Blumen schaffen eine angenehme Atmosphäre, das Ankommen im Hier und Jetzt fällt gleich leichter.

Nachdem ich die Kerze angezündet habe, setze ich mich auf einen Block oder eine gefaltete Decke, schließe die Augen und atme einfach. Die Hände liegen entspannt auf den Knien oder in meinem Schoß. Nach ein paar tiefen und ruhigen Atemzügen öffne ich langsam die Augen und beginne mit meiner Praxis.

Die Haltungen/Asanas

Die Übungspraxis im Yoga besteht hauptsächlich aus Körperhaltungen, auch Asanas genannt, welche jeweils für sich oder in variierenden Abläufen geübt werden können. Dabei ist es – vor allem für deine Gesundheit – wirklich wichtig, auf eine korrekte Ausrichtung zu achten und immer wieder den eigenen Körper mit seinen individuellen Stärken und Schwächen wahrzunehmen. Manchmal ist weniger mehr. Nicht in jeder Haltung muss man die schwierigste Variante meistern und die verrücktesten Verknotungen schaffen. Genau das zu spüren ist Yoga.

Atmung

Die meiste Zeit atmen wir viel zu flach oder zu hastig ein und aus. Besonders dann, wenn wir uns über etwas ärgern oder aufregen. Gerade in solchen Situationen ist es hilfreich, besonders tief ein- und auszuatmen. So wirst du automatisch ruhiger und findest wieder ins Gleichgewicht.

Wenn du für dich zu Hause Yoga übst, solltest du versuchen, durch die Nase zu atmen. Dein Atem sollte ruhig und gleichmäßig fließen können. Wenn das nicht mehr geht, dein Atem stockt oder du nur noch hektisch hecheln kannst, mache eine Pause.

Gerade in Haltungen, die sehr herausfordernd sind, wirkt die Atmung unterstützend und sorgt für kleine, nicht unbedingt sichtbare Bewegungen deines Körpers. Mit einer ruhigen Atmung kannst du selbst in kraftvollen Asanas weich bleiben und eine gewisse Leichtigkeit bewahren.

Meditation

Die Meditation im Yoga hilft uns, loszulassen und uns zu regenerieren. Oft braucht es keine große Anleitung oder Visualisierung, um sich zu sammeln und den Geist ruhig werden zu lassen. Es genügt schon, sich aufrecht hinzusetzen, den Atem und die Gedanken zu beobachten, ohne sie lenken zu wollen und die Aufmerksamkeit langsam nach innen zu richten.

Allgemeine Tipps zum Üben

Wenn du Yoga übst, egal ob zu Hause oder in einem Studio, solltest du das nicht mit vollem Magen tun. Auch bei akuten Krankheiten wie Erkältungen, Grippe oder anderen Infektionen, solltest du auf keinen Fall praktizieren. Bei Verletzungen und chronischen Krankheiten ist es ratsam, vorher mit dem behandelnden Arzt zu sprechen. Während einer Schwangerschaft empfiehlt sich der Besuch von Yogaklassen, die speziell auf die Bedürfnisse werdender Mütter eingehen.

Finde für dich selbst heraus, wann die beste Zeit für deine Yogapraxis ist. Übe nicht, wenn du einen Telefonanruf erwartest, unter Zeitdruck stehst oder von anderen Dingen gestört wirst. Es mag schwierig sein, sich täglich 30 Minuten am Stück Zeit für Yoga zu nehmen. 15 Minuten hingegen erscheinen gleich viel machbarer, und es spricht nichts dagegen, jeweils morgen und abends oder auch nur zu einer Tageszeit eine Viertelstunde zu praktizieren. Das kontinuierliche, mitunter auch kurze Üben bringt sehr viel mehr, als sich einmal die Woche 90 Minuten lang zu verausgaben.

Heimischer Saisonkalender

Frisch vom Feld und im Einklang mit der Natur angebaut schmeckt Obst und Gemüse am besten. In den Sommermonaten, wenn das Angebot besonders vielfältig ist, kaufe ich Lebensmittel aus regionalem Anbau. In den Wintermonaten greife ich neben den heimischen Sorten auch zu Obst und Gemüse, das bei uns nicht wächst, im jeweiligen Ursprungsland aber gerade Saison hat, z. B. Avocados oder Orangen.

	JAN	FEB	MÄR	APR	MAI	JUN	JUL	AUG	SEP	OKT	NOV	DEZ
Äpfel	■	■	■	■					■	■	■	■
Birnen									■	■	■	■
Blaubeeren							■	■				
Brombeeren							■	■	■			
Erdbeeren					■	■						
Himbeeren						■	■	■	■			
Johannisbeeren						■	■	■				
Pflaumen								■	■			
Quitten										■	■	
Sauerkirschen							■					
Stachelbeeren						■	■					
Süßkirschen						■	■					

	JAN	FEB	MÄR	APR	MAI	JUN	JUL	AUG	SEP	OKT	NOV	DEZ
Blumenkohl						X	X	X	X	X		
Bohnen						X	X	X	X	X		
Brokkoli						X	X	X	X	X	X	
Chicorée	X	X	X	X		X				X	X	X
Chinakohl	X	X			X	X	X	X	X	X		
Eisbergsalat						X	X	X	X			
Endivien									X	X	X	
Erbsen						X	X					
Feldsalat	X	X			X	X				X	X	X
Fenchel						X	X	X	X			
Grünkohl	X	X									X	X
Gurken				X	X	X	X	X	X			
Kohlrabi					X	X	X	X				
Kopfsalat					X	X	X	X	X			
Kürbis									X	X		
Lauch	X	X					X	X	X	X	X	X
Mangold					X	X	X					
Möhren						X	X	X	X	X	X	X
Radicchio						X	X	X	X	X	X	
Radieschen				X	X	X	X	X	X			
Rettich					X	X	X	X	X	X		
Rhabarber				X	X	X						
Rosenkohl	X	X								X	X	X
Rote Bete	X	X	X						X	X	X	X

	JAN	FEB	MÄR	APR	MAI	JUN	JUL	AUG	SEP	OKT	NOV	DEZ
Rotkohl	X	X			X	X	X	X	X	X	X	X
Rucola				X	X	X	X	X	X	X	X	
Sellerie						X	X	X	X	X		
Spargel				X	X	X						
Spinat				X	X	X	X	X	X	X	X	
Tomaten				X	X	X	X	X	X	X	X	
Weißkohl	X	X	X	X	X	X	X	X	X			
Zucchini						X	X	X				
Zwiebeln	X	X	X	X	X	X	X	X	X	X	X	X

auf-wachen

Wie habe ich geschlafen? Was liegt vor mir? Was brauche ich? Gerade morgens ist es schön, sich einen kurzen Moment Zeit zu nehmen und nach innen zu blicken. Die Rezepte auf den nächsten Seiten lassen sich nach Wunsch variieren – je nachdem, was du gerade brauchst.

Ein neuer Morgen ist ein neuer Anfang.

Vor allem nach einer erholsamen Nacht ist für einen kurzen Moment alles auf Null gestellt. Wir befinden uns noch nicht mittendrin, dort, wo wir uns im Alltag häufig verlieren. Eine Morgenroutine hilft dir dabei, die angenehme Ruhe möglichst lang zu bewahren. Lasse deinen Gedanken bei der Zubereitung der ersten Mahlzeit freien Lauf und erlaube dir, gemächlich wach zu werden. Gerade in anstrengenden Phasen kann es eine Wohltat sein, jeden Morgen dasselbe zuzubereiten. Gerichte, die du magst, die dir wenig abverlangen und dich mit Energie versorgen.

Oft möchte ich während des Kochens über etwas anderes nachdenken und tue es dann doch nicht, weil mich die Küchenarbeit vollständig einnimmt. Ich beobachte, wie sich meine Hände von selbst bewegen, die Schüssel aus dem Regal nehmen, das Obst schneiden. Bemerke, wie die Pfirsiche an diesem Morgen reifer sind als noch letzte Woche, wie das Porridge auf dem Herd langsam eindickt und anfängt, zu duften.

Das sind genau die Momente, in denen sich Probleme scheinbar von selbst lösen, in denen gute Ideen entstehen, sich neue Perspektiven eröffnen. Beim Kochen verkleinerst du dein Blickfeld und maximierst gleichzeitig deine Wahrnehmung. Jetzt bist du wach, bereit für den Tag.

Grüner Smoothie

Wenn ich morgens wenig Zeit habe, trinke ich einen grünen Smoothie. Mittlerweile brauche ich keine drei Minuten, um das gesunde Kraftfrühstück zu mixen. Obst mit ungenießbarer Schale sollte vorher geschält werden, ebenso sollten große Kerne entfernt werden.

FÜR 1 GROSSES GLAS À 300 ML

1 kleine Banane oder Avocado

2–3 Handvoll Pflanzengrün nach Wahl

1 Handvoll Obst nach Wahl

Saft von ½ Zitrone

50–250 ml Flüssigkeit nach Wahl

Eiswürfel (optional)

Banane oder Avocado schälen und den Kern entfernen. Alle Zutaten bis auf die Flüssigkeit und die Eiswürfel in einen Hochleistungsmixer füllen und mit steigender Geschwindigkeit in 1–2 Minuten sehr fein pürieren. Nach Belieben mehr Flüssigkeit oder einige Eiswürfel zugeben und nochmals bei hoher Leistung homogen mixen. Sofort genießen.

Meine Smoothies bestehen zu etwas mehr als der Hälfte aus Pflanzengrün. Je nach Geschmack kannst du die Smoothies zunächst mit etwas mehr Obst zubereiten, dadurch werden sie süßer. Das kann nach Augenmaß passieren, denn bei Smoothies muss man nicht genau abwiegen. Ein Blick auf den gefüllten Mixbehälter zeigt das Mischungsverhältnis ohnehin. Wichtig ist, dass du bei den Zutaten variierst, um nicht täglich große Mengen derselben Inhaltsstoffe zu dir zu nehmen.

PFLANZENGRÜN: Blattgemüse (Spinat, Mangold, Rucola, Feldsalat), Kohlgemüse (Grünkohl, Chinakohl), (Wild-)Kräuter (Minze, Basilikum, Zitronenmelisse, Petersilie, Dill, Koriander, Löwenzahn, Giersch), Blätter von Gemüse (Rote Bete, Möhren, Radieschen, Kohlrabi, Staudensellerie, Brokkoli, Blumenkohl), Sprossen, Weizengras

OBST: z. B. Äpfel, Birnen, Beeren, Bananen, Aprikosen, Papaya, Orangen, Grapefruits

FLÜSSIGKEIT: Wasser, Kokoswasser, Nussmilch, frisch gepresster Saft, ungesüßter Tee

FRÜHLING

Spinat + Ananas + Hanf

2–3 Handvoll Spinat mit **1 kleinen Banane**, **¼ Ananas**, **½ Mango**, **2 TL Limettensaft**, **1 TL Hanfsamen** und **1 TL Kokosöl** in einem Hochleistungsmixer fein pürieren. Nach Belieben **Kokoswasser** zugießen und nochmals mixen.

SOMMER

Löwenzahn + Pfirsich + Blütenpollen

Im Hochleistungsmixer **2 Handvoll Löwenzahn**, **6 Basilikumblättchen**, **1 Pfirsich**, **1 kleine Handvoll gemischte Beeren** und **1 EL Zitronensaft** zusammen mit **1 TL Blütenpollen** zu einem glatten Smoothie mixen. Nach Belieben Wasser oder **frisch gebrühten Minztee** (Rezept siehe Seite 59) zugießen.

HERBST

Sellerie + Birne + Ingwer

1 Stange Staudensellerie, **1–2 Handvoll Grünkohl**, **1 Banane**, **2 Birnen**, **1 kleines Stück Ingwer** und **1 TL Mandelmus** im Hochleistungsmixer fein pürieren. Nach Belieben **Mandelmilch** zugießen und sofort servieren.

WINTER

Grapefruit + Feldsalat + Spirulina

1 Grapefruit, **2–3 Handvoll Feldsalat**, **1 Dattel ohne Stein**, **1 kleine Banane**, **1 Apfel** und **1 TL Spirulina** im Hochleistungsmixer fein pürieren. Je nach gewünschter Konsistenz Wasser zugießen.

Porridge

Ein warmes, sättigendes Frühstück, das sich deinen Vorlieben anpasst und dich für den beginnenden Tag stärkt. Du kannst nach deinen eigenen Vorlieben variieren. Frisches oder gekochtes Obst, etwas Joghurt oder Milch, Nüsse und Kerne sowie Nussmus machen das Porridge zu deinem Lieblingsfrühstück.

FÜR 2 PORTIONEN

450–500 ml Wasser oder Milch nach Wahl

100 g zarte Haferflocken

1 EL Leinsamenschrot (optional)

1 Prise Meersalz

¼–½ TL gemahlene Gewürze nach Wahl (optional)

1 EL Süßungsmittel nach Wahl

2 EL Fruchtkompott oder frisches Obst

Die Flüssigkeit in einem kleinen Topf bei mittlerer Temperatur erwärmen. Haferflocken, Leinsamen, Meersalz, gegebenenfalls Gewürze und Süßungsmittel zugeben und alles vermengen. 4–6 Minuten köcheln lassen, dabei ständig rühren. Sobald das Porridge eingedickt ist, die Herdplatte ausschalten und das Ganze noch 1 Minute ruhen lassen. Anschließend mit Fruchtkompott oder frischem Obst garnieren.

MILCH: Kuhmilch, Reismilch, Nussmilch, Hafermilch, Kokosmilch

GEWÜRZE: Zimt, Kardamom, Ingwer, Vanille

SÜSSUNGSMITTEL, MILD: Reissirup, Akazienhonig

SÜSSUNGSMITTEL, AROMATISCH: Ahornsirup, Dattelsirup, Blütensirup, Gerstenmalzsirup, dunkler Honig

FRUCHTKOMPOTT: Apfelkompott, Rhabarberkompott, Beerenkompott, Pflaumenkompott, Kirschkompott

OBST: Aprikosen, Kirschen, Pflaumen, Beeren, Äpfel, Birnen, Pfirsiche

FRÜHLING

Rhabarber + Vanille + Hanf

Für das Kompott **350 g Rhabarber** putzen, schälen und wie auf Seite 231 beschrieben einkochen. Abkühlen lassen. **½ Vanilleschote** längs aufschlitzen, das Mark auskratzen und zusammen mit der Schote und den übrigen Grundzutaten in einen Topf geben. Das Porridge nach Rezept zubereiten. Anschließend die Schote entfernen und das Porridge mit dem Kompott auf zwei Schüsseln verteilen. Mit **1 TL Hanfsamen** bestreuen und sofort genießen.

SOMMER

Waldbeeren + Milch + Mandel

80 g Blaubeeren mit den übrigen Zutaten für Porridge in einen Topf geben und aufkochen. Sobald die Beeren aufplatzen, diese mit einer Gabel zerdrücken, sodass sich das Porridge violett färbt. **80 g Himbeeren** unterrühren und ebenfalls leicht zerdrücken. Das fertige Porridge auf zwei Schüsseln verteilen und mit je **1 Schuss Milch** und **1 TL Mandelblättchen** genießen.

HERBST

Apfel + Nussmus + Rosinen

Das Porridge mit **250 ml naturtrübem Apfelsaft** und **200 ml Wasser** zubereiten. **1 Messerspitze Zimt, 1 EL Rosinen** und **1 grob geraspelten Apfel** mitkochen. Mit **1 EL Nussmus nach Wahl** (Rezept siehe Seite 227) und **1 EL gerösteten und gehackten Haselnüssen** servieren.

WINTER

Papaya + Banane + Kokos

Das Porridge mit **450–500 ml Kokos- oder Mandelmilch** und dem **Abrieb von 1 Bio-Limette** zubereiten. **1 Banane** grob zerdrücken und locker unter das fertige Porridge rühren, auf zwei Schüsseln verteilen. **½ Papaya** schälen, entkernen, würfeln und daraufgeben. Mit **etwas Limettensaft** beträufeln und mit **1–2 EL Kokosraspeln** bestreuen.

Granola

In meiner Kindheit gab es jeden Morgen Varianten des frischen Müslis von Seite 32 – Granola habe ich erst als Teenager in einem amerikanischen Sommercamp kennengelernt. Bis heute schätze ich die knusprige Süße gerösteter Haferflocken – am liebsten selbst gemacht und ohne raffinierten Zucker. Granola schmeckt mit Joghurt oder Milch und auf Porridge.

FÜR 1 GROSSES VORRATSGLAS À 750 ML

100 g Nüsse nach Wahl

150 g Haferflocken

150 g Getreideflocken nach Wahl

100 g Samen und Kerne nach Wahl

40 g Kokosraspel

Abrieb von 1 Bio-Zitrusfrucht nach Wahl (optional)

2 EL Kokosöl

4–8 EL Süßungsmittel nach Wahl

1–2 TL gemahlene Gewürze nach Wahl (optional)

100–200 g Trockenobst nach Wahl

Den Backofen auf 175 °C vorheizen und das Backblech mit Backpapier auslegen. Die Nüsse mit einem großen Messer grob hacken. Zusammen mit den Hafer- und Getreideflocken, Samen, Kernen und Kokosraspeln in einer großen Schüssel vermischen, Zitrusabrieb nach Belieben zufügen.

In einem kleinen Topf Kokosöl und Süßungsmittel bei niedriger Temperatur zerlassen, gegebenenfalls mit Gewürzen verfeinern. Zu den trockenen Zutaten geben und alles gründlich vermengen. Gleichmäßig auf dem Backblech verteilen, die Mischung darf dabei gerne etwas zusammenkleben. Im Ofen 25–35 Minuten backen, bis die Flocken knusprig und zart gebräunt sind, dabei alle 5 Minuten umrühren.

In der Zwischenzeit das Trockenobst grob hacken und für die letzten 5 Minuten Backzeit unter das Granola mischen. Vollständig auskühlen lassen und in einem Schraubglas aufbewahren.

NÜSSE: Cashewkerne, Macadamianüsse, Mandeln, Haselnüsse, Paranüsse, Pekannüsse, Pistazien, Walnüsse

GETREIDEFLOCKEN: Haferflocken, Quinoaflocken, Buchweizenflocken, Gerstenflocken, Dinkelflocken, Hirseflocken

SAMEN UND KERNE: Hanfsamen, Sesamsamen, Chiasamen, Leinsamen, Sonnenblumenkerne, Pinienkerne, Kürbiskerne

ZITRUSFRÜCHTE: Orangen, Limetten, Zitronen

SÜSSUNGSMITTEL: Reissirup, Ahornsirup, Honig

GEWÜRZE: Zimt, Kardamom, Vanille, Kakao

TROCKENOBST: Aprikosen, Rosinen, Äpfel, Sauerkirschen, Cranberrys, Ananas, Maulbeeren, Gojibeeren

FRÜHLING
Zitrone + Honig + Erdbeeren

Das Granola wie im Rezept beschrieben zubereiten, dabei den **Abrieb von 1 Bio-Zitrone, Honig** und **getrocknete Aprikosen** verwenden, abkühlen lassen. Für 1 Portion **1 kleine Handvoll Erdbeeren** putzen und klein schneiden, mit **150 g Joghurt nach Wahl** anrichten und mit 2–4 EL Granola bestreuen.

SOMMER
Kakao + Kirschen + Milch

Das Granola mit **Reissirup, 2 TL Kakao** und **klein gehackten Sauerkirschen** zubereiten. Für 1 Portion ca. **80 g Granola** und **2 EL Haferflocken** mit **100 ml Milch nach Wahl** in eine Schüssel geben.

HERBST
Ahorn + Haselnüsse + Banane

Das Granola mit **Haselnüssen** und **Ahornsirup,** aber zunächst ohne Trockenobst zubereiten. Nach dem Backen **1 Handvoll gehackte Bananenchips** untermischen. Für 1 Portion **80 g Joghurt** mit **1 zerdrückten Banane** vermischen und in ein Glas füllen, mit **1 TL Ahornsirup beträufeln** und mit 2–4 EL Granola bestreuen.

WINTER
Mandeln + Kokos + Cranberrys

Das Granola mit **Mandeln, 80 g Kokosraspeln, getrockneten Cranberrys** und **1 TL Zimt** zubereiten. Nach dem Backen vollständig auskühlen lassen. Für 1 Portion **150 g Kokosjoghurt** mit 2–4 EL Granola bestreut servieren.

Frisches Müsli

Dieses Müsli kann nach Belieben mit Zitrusabrieb, Kakao, Kokosraspeln oder anderen Lieblings-
zutaten abgewandelt werden. Am besten schmeckt es mir mit frischem Obst oder Kompott.

FÜR 2 PORTIONEN

1 Birne oder Apfel

1 Banane

2 EL Leinsamenschrot

2 EL gemahlene Braunhirse

2 EL gehackte oder gemahlene Nüsse
nach Wahl

1 TL Leinöl

50–100 ml Milch nach Wahl

2 EL Obst nach Wahl

Die Birne oder den Apfel vom Kerngehäuse befreien und grob raspeln. Die Banane schälen und mit einer Gabel zerdrücken. In einer
Schüssel das Obst mit Leinsamen, Braunhirse, Nüssen und Leinöl
verrühren und so viel Milch zugießen, bis die gewünschte Konsistenz erreicht ist. Anschließend mit Obst garnieren.

NÜSSE: Cashewkerne, Macadamianüsse, Mandeln, Haselnüsse,
Paranüsse, Pekannüsse, Pistazien, Walnüsse

MILCH: Kuhmilch, Kokosmilch, Reismilch, Nussmilch, Hafermilch

OBST: z. B. Pflaumen, Aprikosen, Kirschen, Beeren, Pfirsiche

34

FRÜHLING

Mango + Mandeln + Kokos

Das Müsli wie beschrieben mit **Mandeln** und **Kokos-Mandelmilch** (Rezept siehe Seite 117) zubereiten und auf zwei Schüsseln verteilen. **1 Mango** schälen, entkernen, in Scheiben schneiden und darauf anrichten. Mit **1 EL Mandelblättchen** bestreuen und mit je **1 Klecks Kokosjoghurt** (Rezept siehe Seite 232) servieren.

SOMMER

Erdbeeren + Pistazien + Holunderblütensirup

Das Müsli wie im Grundrezept beschrieben mit **gehackten Pistazien** und **Buttermilch** zubereiten. **10 Erdbeeren** putzen, mit einer Gabel grob zerdrücken und unterziehen. Das Müsli auf zwei Schüsseln verteilen und mit **1 TL Holunderblütensirup** beträufelt genießen.

HERBST

Pflaumen + Cranberrys + Zimt

Das Müsli wie im Rezept beschrieben mit **Haselnüssen** und **Hafermilch** zubereiten. Aus **12 Pflaumen**, **50 ml Cranberrysaft** und **1 Zimtstange** ein Kompott kochen (Rezept siehe Seite 231) und dazu servieren.

WINTER

Mandarine + Grapefruit + Honig

Das Müsli mit **Mandeln** zubereiten und die Milch durch den Saft von **1–2 Mandarinen** ersetzen. **1 Grapefruit** schälen und filetieren, das Müsli auf zwei Schüsseln verteilen, die Grapefruitfilets darauf anrichten und mit **1 EL Honig** beträufeln.

Smoothie Bowl

Eine Smoothie Bowl ist nichts anderes als ein dicker Smoothie, den man aus einer Schale löffelt.

FÜR 1 PORTION

1 Banane

1–2 Handvoll Obst nach Wahl

¼ Zitrone

¼ Avocado

1 Handvoll Pflanzengrün nach Wahl

Etwas Wasser oder Kokoswasser (optional)

Garnitur nach Wahl (optional)

Die Banane schälen, in Scheiben schneiden und für mindestens 30 Minuten einfrieren. Das übrige Obst putzen und gegebenenfalls klein schneiden, die Zitrone schälen und möglichst viel von der weißen Haut entfernen. Alle vorbereiteten Zutaten zusammen mit der Avocado und dem Pflanzengrün in einem Hochleistungsmixer fein pürieren. Nach Belieben etwas Wasser oder Kokoswasser zugießen und nochmals mixen. In eine Schale füllen und nach Belieben mit weiteren Zutaten garnieren.

OBST: z. B. Äpfel, Birnen, Beeren, Bananen, Aprikosen, Papaya, Orangen, Grapefruits

PFLANZENGRÜN: Blattgemüse (Spinat, Mangold, Rucola, Feldsalat), Kohlgemüse (Grünkohl, Chinakohl), (Wild-)Kräuter (Minze, Basilikum, Zitronenmelisse, Petersilie, Dill, Koriander, Löwenzahn, Giersch), Blätter von Gemüse (Rote Bete, Möhren, Radieschen, Kohlrabi, Staudensellerie, Brokkoli, Blumenkohl), Sprossen, Weizengras

FRÜHLING

Mango + Papaya + Granatapfel

Die Smoothie Bowl mit **Mango, Papaya** und **Kopfsalat** zubereiten. **1 TL Kokosöl** untermixen. In eine Schale füllen, mit **1 TL Hanfsamen** sowie den **Kernen von ½ Granatapfel** und dem **Fruchtfleisch von ½ Maracuja** garnieren und sofort servieren.

SOMMER

Melone + Pfirsich + Minze

Das Rezept mit **1 Cantaloupe-Melone, 1 weißen Pfirsich, Spinat, Minze** und anstelle der Zitrone mit **1 Limette** zubereiten. Zusätzlich **1 TL Matchapulver** und **1 TL Chiasamen** zufügen. In eine Schale füllen, **1 Pfirsich** in Scheiben schneiden und darauf verteilen, mit **einigen Minzeblättchen** garnieren.

HERBST

Banane + Açaibeeren + Blütenpollen

Die Herbstbowl ohne Avocado, dafür mit insgesamt **1 ½ gefrorenen Bananen, 1 Birne, 100 g gefrorenen Açaibeeren (alternativ 1 TL Açaipulver)** und **Grünkohl** zubereiten. Mit **1 TL Blütenpollen** bestreut genießen.

WINTER

Orange + Sesam + Datteln

Die Winterbowl wird ohne Pflanzengrün und dafür nur mit **Banane, Orange, 1 EL Tahini, 2 Datteln ohne Stein, 1–2 EL Haferflocken, ½ TL Macapulver** und **¼ TL Zimt** zubereitet. Alles fein pürieren und in eine Schale füllen. **¼ Banane** in Scheiben schneiden und darauf anrichten, mit **1 TL Sesamsamen** bestreuen und mit **1 TL Honig** beträufeln.

Körnerbrot

Zu diesem Rezept hat mich das fantastische Life changing loaf of bread von Sarah Britton inspiriert – es ist glutenfrei und besteht fast ausschließlich aus Nüssen, Samen und Kernen.

FÜR 1 BROT

50 g Nüsse nach Wahl

150 g Getreideflocken nach Wahl

150 g Samen und Kerne nach Wahl

90 g Leinsamen

25 g Chiasamen

30 g Flohsamenschalen

1 TL Meersalz

¼–½ TL gemahlene Gewürze nach Wahl (optional)

3 EL Kokosöl

1 EL Süßungsmittel nach Wahl

350 ml Wasser

Die Nüsse grob hacken. Zusammen mit den Flocken, Samen, Kernen, Leinsamen, Chiasamen, Flohsamenschalen und Meersalz in einer großen Schüssel mischen. Nach Belieben würzen.

Kokosöl und Süßungsmittel in einem kleinen Topf bei niedriger Temperatur zerlassen, anschließend mit dem Wasser verrühren. Zu den trockenen Zutaten gießen und alles gründlich vermengen. Sollte die Masse zu dick sein, teelöffelweise mehr Wasser zugeben. Eine Kastenform (ca. 22 cm Länge) mit Backpapier auslegen. Den Teig einfüllen und mindestens 2 Stunden, besser noch über Nacht darin quellen lassen.

Den Backofen auf 175 °C vorheizen. Das Brot 20 Minuten darin backen, dann aus der Form lösen und weitere 35–50 Minuten auf dem Rost backen. Das Brot ist fertig, sobald beim Klopfen auf die Unterseite ein hohles Geräusch erklingt. Vollständig auskühlen lassen und erst dann anschneiden.

NÜSSE: Mandeln, Haselnüsse, Cashewkerne, Macadamianüsse, Walnüsse

GETREIDEFLOCKEN: Haferflocken (gegebenenfalls glutenfreie Variante wählen), Quinoaflocken, Hirseflocken, Reisflocken

SAMEN UND KERNE: Hanfsamen, Sesamsamen, Leinsamen, Sonnenblumenkerne, Pinienkerne, Kürbiskerne

GEWÜRZE: Kümmel, Fenchelsamen, Anis, Koriandersamen

SÜSSUNGSMITTEL: Reissirup, Ahornsirup

Das Körnerbrot kann in Scheiben geschnitten eingefroren und später einzeln im Toaster aufgetaut werden.

FRÜHLING

Avocado + Feta + Minze

Für 1 Portion ½ **Avocado** mit einer Gabel grob zerdrücken und auf 1 Scheibe getoastetem Körnerbrot verteilen. Mit **1 TL Olivenöl** und **½ TL Zitronensaft** beträufeln. **3 Minzeblättchen** klein zupfen und zusammen mit **1 Prise Meersalzflocken** und **1 EL zerbröseltem Feta** darüberstreuen.

SOMMER

Sauerrahmbutter + Tomate + Basilikum

1 Scheibe Brot mit **1 TL Sauerrahmbutter** bestreichen. **1 große reife Tomate** in dünne Scheiben schneiden und das Körnerbrot dachziegelartig damit belegen. **2 Basilikumblättchen** in feine Streifen schneiden, mit **1 Prise Meersalzflocken** und **1 EL Sprossen** über die Tomaten streuen.

HERBST

Nussmus + Banane + Honig

1 Scheibe Körnerbrot mit **1 TL Mandelmus** bestreichen. **¼ Banane** in dünne Scheiben schneiden, das Brot damit belegen und mit **1 TL Honig** beträufeln. Mit **1 Prise Meersalzflocken** bestreut genießen.

WINTER

Hummus + Apfel + Sprossen

1 EL Rote-Bete-Hummus (Rezept siehe Seite 224) auf 1 Scheibe Körnerbrot verstreichen. **1 Apfelschnitz** fein würfeln und zusammen mit **etwas geriebenem Meerrettich** darauf verteilen, mit **1 Prise Meersalz** bestreuen. Mit **1 EL Sprossen** garnieren und servieren.

Dattelwaffeln

FÜR 4 PORTIONEN

130 g Dinkelvollkornmehl

90 g Buchweizenmehl

8 g Backpulver

Abrieb von ½ Bio-Zitrusfrucht nach Wahl (optional)

½ TL gemahlene Gewürze nach Wahl

1 Prise Meersalz

10–12 weiche Datteln ohne Stein

3 Eier

300 ml Milch nach Wahl

20 g Joghurt nach Wahl

20 g Nussmus nach Wahl

20 g Kokosöl + etwas zum Ausbacken

Dinkel- und Buchweizenmehl, Backpulver, Zitrusabrieb nach Belieben, Gewürze sowie Meersalz in einer Schüssel mischen. Die Datteln zusammen mit den Eiern, Milch, Joghurt, Nussmus und Kokosöl in einen Hochleistungsmixer geben und fein pürieren. Die Mehlmischung bei niedriger Geschwindigkeit einrieseln lassen. Nur so lange mixen, bis alle Zutaten gerade so vermengt sind. Den Teig vor dem Backen 5–10 Minuten ruhen lassen.

Das Waffeleisen auf mittlere Temperatur vorheizen, gegebenenfalls leicht fetten. Den Teig portionsweise hineingeben und nacheinander zu zart gebräunten Waffeln ausbacken.

ZITRUSFRÜCHTE: Orangen, Limetten, Zitronen

GEWÜRZE: Zimt, Kardamom, Vanille

MILCH: Kuhmilch, Kokosmilch, Reismilch, Nussmilch, Hafermilch

JOGHURT: Kuhmilchjoghurt, Schafsmilchjoghurt, Ziegenmilchjoghurt, Kokosjoghurt

NUSSMUS: Mandelmus, Haselnussmus, Cashewmus

FRÜHLING

Zitrone + Mohn + Rhabarber

Den Teig mit **Vanille, Zitronenabrieb, 1 EL Zitronensaft** und **2 EL Mohn** zubereiten. Wie im Rezept beschrieben im Waffeleisen ausbacken und mit je **1 Klecks Rhabarberkompott** (Rezept siehe Seite 231) servieren.

SOMMER

Brombeeren + Sahne + Kokosblütenzucker

Den Teig wie im Rezept beschrieben zubereiten und zu leicht gebräunten Waffeln ausbacken. **200 ml Sahne** mit den Quirlen eines Handrührgeräts halbfest schlagen. **100 g Brombeeren** verlesen, davon 10 Beeren mit einer Gabel zerdrücken und unter die Sahne ziehen. Zuerst die Sahne, dann die restlichen Beeren auf die Waffeln geben und mit **2 EL Kokosblütenzucker** bestäuben.

HERBST

Banane + Dattel-karamell + Meersalz

Den Teig mit zusätzlich **1 EL Kakao** zubereiten (mit den trockenen Zutaten mischen) und ausbacken. **10 weiche Datteln ohne Stein** zusammen mit **1 Prise Meersalz, ½ TL Zimt, 1 TL Zitronensaft** und **80–100 ml Mandelmilch** im Hochleistungsmixer fein pürieren. Aus **3 Bananen Nicecream** herstellen (Rezept siehe Seite 140). Die warmen Waffeln mit je 1 Kugel Nicecream und etwas **Dattelkaramell** anrichten und mit **½ TL Meersalzflocken** bestreut genießen.

WINTER

Haselnussmus + Apfel + Rosinen

Den Teig wie im Rezept beschrieben mit **Haselnussmus** zubereiten und ausbacken. **4 säuerliche Äpfel** entkernen, würfeln und zusammen mit **1 kleinen Handvoll Rosinen** und **1 Zimtstange** in einen Topf geben. Zu Kompott einkochen (Rezept siehe Seite 231) und zu den Waffeln servieren.

Gefülltes Omelett

Am liebsten mag ich Omelett hauchdünn und frisch gefüllt – ein schnell zubereitetes, herzhaftes Frühstück.

FÜR 1 PORTION

1 Ei

1 Prise Meersalz

1 Prise frisch gemahlener schwarzer Pfeffer

1 TL Butter oder Kokosöl

1 EL geriebener Käse nach Wahl (optional)

1 EL gehackte Kräuter nach Wahl (optional)

1 EL gehackte Frühlingszwiebel (optional)

Mit einer Gabel Ei, Meersalz und Pfeffer in einer Tasse hellgelb verquirlen. Eine kleine Pfanne bei mittlerer Temperatur erhitzen und Butter oder Öl darin zerlassen. Die Eiermischung hineingießen, durch Schwenken gleichmäßig verteilen und nach Belieben mit Käse, Kräutern und Frühlingszwiebel bestreuen. Nach ca. 20 Sekunden den Rand des Omeletts mit einer Gabel rundherum zurückschieben, nach 1 Minute mit einem Pfannenwender lösen und das Omelett flach auf einen Teller gleiten lassen. Nach Belieben füllen und mittig zusammenklappen oder von einer Seite aufrollen und mit einem Messer diagonal halbieren.

KÄSE: Bergkäse, Parmesan, Cheddar, Pecorino, Manchego, Gruyère

KRÄUTER: Schnittlauch, Bärlauch, Dill, Basilikum, Petersilie, Koriander, Estragon, Kerbel, Minze, Kresse

FRÜHLING

Radieschen + Kresse + grüner Spargel

Das Omelett wie beschrieben mit **Frühlingszwiebel** zubereiten. Parallel in einer zweiten Pfanne **3 Stangen grünen Spargel** mit **3 EL Wasser** bei geschlossenem Deckel 3 Minuten dünsten. **1 Radieschen** hobeln, zusammen mit dem Spargel und **1–2 TL Kresse** auf dem fertigen Omelett verteilen. Mit **1 TL Pesto** (Rezept siehe Seite 223) beträufeln.

SOMMER

Hummus + Löwenzahn + Paprika

Das Omelett wie beschrieben mit **Petersilie** zubereiten, anschließend auf dem Teller mit **1 EL Hummus** (Rezept siehe Seite 224) bestreichen. **1 Handvoll Löwenzahnblätter** grob zerzupfen und darüberstreuen. **½ Paprikaschote** in dünne Streifen schneiden und das Omelett damit belegen.

HERBST

Harissa + Kürbis + Feta

Die Eiermischung mit **1 TL Harissa** würzen und das Omelett wie im Rezept beschrieben zubereiten. Mit **2 EL Kürbispüree** (Kürbis putzen, in Spalten schneiden, bei 200 °C in ca. 30 Minuten im Ofen garen, anschließend das Fruchtfleisch von der Schale lösen und mit einer Gabel zerdrücken) bestreichen und mit **1 Prise Meersalz** bestreuen. Mit **1 Handvoll Babyspinat** und **2 EL zerbröseltem Feta** füllen und aufrollen.

WINTER

Chili + saure Sahne + Avocado

Die Eiermischung mit **½ TL Chiliflocken** würzen und das Omelett wie beschrieben zubereiten. Anschließend gleichmäßig mit **1 EL saurer Sahne** bestreichen. **½ Avocado** in Scheiben schneiden und das Omelett damit belegen, mit **1 EL gehackten Korianderblättchen** und **1 Prise Meersalzflocken** bestreuen. Nach Belieben mit **1 TL Limettensaft** beträufeln.

Die Hoffnung
des ganzen Jahres –
DER FRÜHLING.
Die Hoffnung
des Tages –
DER MORGEN.

AUS JAPAN

Kaffee

Kaffee hat in unserer Familie immer eine große Rolle gespielt. Als Kind habe ich die Bohnen mit meinem Vater zusammen sogar selbst geröstet. Bis heute freue ich mich jeden Morgen auf die erste Tasse – pur oder mit orientalischen Gewürzen und natürlich gesüßt. Die Ziehzeit des Kaffees kann je nach persönlicher Vorliebe variiert werden.

KARDAMOMKAFFEE
FÜR 2 TASSEN À 200 ML

6 Kardamomkapseln

2 EL mittelfein bis grob gemahlene Kaffeebohnen

1 TL Süßungsmittel nach Wahl (optional)

Die Kardamomkapseln mit einem Messerrücken zerdrücken. Währenddessen 1 l Wasser kochen, davon 400 ml abmessen und auf 90 °C–94 °C abkühlen lassen. Das restliche kochend heiße Wasser in eine mittelgroße French Press geben, die Kanne damit kurz vorwärmen, anschließend das Wasser abgießen. Kaffeepulver und Kardamomkapseln in die Kanne geben, 50 ml des leicht abgekühlten Wassers zugießen und langsam verrühren. 30 Sekunden ziehen lassen. Dann das restliche 90 °C–94 °C heiße Wasser zugeben und nochmals umrühren. Den Deckel auf die French Press setzen und leicht andrücken, damit das Kaffeemehl unter Wasser bleibt. Nach 3 Minuten ganz nach unten drücken, den Kaffee sofort auf zwei Tassen verteilen und nach Belieben süßen.

Zur Zubereitung von Kaffee sollte das Wasser eine Temperatur zwischen 90°C - 94°C haben. Bei höheren Temperaturen wird der Kaffee leicht bitter.

SÜSSUNGSMITTEL: Reissirup, Honig, Rohrohrzucker

DATTELKAFFEE
FÜR 2 TASSEN À 200 ML

2 EL gemahlene Kaffeebohnen

1 TL Kokosöl

½–1 weiche Dattel ohne Stein

Eiswürfel (optional)

2 Tassen Kaffee zubereiten. Zusammen mit Kokosöl und Dattel in einen Hochleistungsmixer geben und 1 Minute auf hoher Stufe fein mixen. Sofort heiß oder mit Eiswürfeln gekühlt genießen.

Kräutertee

Bei uns zu Hause gab es weder Saft noch Softdrinks, dafür aber immer eine Kanne Kräutertee.
Eine Tradition, die ich gerne fortsetze.

**ZITRONENGRAS-MINZ-TEE
FÜR 1 L**

1 Handvoll frische Minze
2–4 Stängel Zitronengras

Minze und Zitronengras in eine Kanne geben und mit 1 l sprudelnd kochendem Wasser übergießen. Mindestens 5 Minuten ziehen lassen. Warm oder abgekühlt genießen.

**INGWER-ZITRONEN-TEE
FÜR 1 L**

1 Stück (ca. 3 cm) Ingwer
1 TL Honig
½ TL Kurkuma (optional)
1 Bio-Zitrone

Den Ingwer in dünne Scheiben schneiden und in eine hitzebeständige Flasche oder Karaffe geben. Ca. 300 ml Wasser kochen und den Ingwer damit aufgießen. 10 Minuten ziehen lassen. Den Honig und nach Belieben Kurkuma zufügen und mit kaltem oder handwarmen Wasser auf 1 l auffüllen. Die Zitronen halbieren, zwei dünne Scheiben abschneiden und in die Flasche geben. Die Hälften auspressen und den Saft zum Tee gießen.

Um die Vitalstoffe der Zitrone nicht zu zerstören, den Saft nicht direkt ins heiße Wasser geben.

Apfelessig-Wasser

Warmes Wasser mit Apfelessig trinke ich im Wechsel mit Kräutertee direkt nach dem Aufstehen und mindestens eine Viertelstunde vor jeder Mahlzeit.

FÜR 1 GROSSES GLAS

1–2 EL naturtrüber Apfelessig

½–1 TL Holunderblütensirup oder Süßungs-mittel nach Wahl (optional)

Apfelessig, gegebenenfalls Süßungsmittel und 300 ml handwarmes Wasser in einem Glas verrühren und genießen.

SÜSSUNGSMITTEL: Reissirup, Honig

Wer den Geschmack von Apfelessig mildern möchte, kann zusätzlich zum Süßungsmittel noch den frisch gepressten Saft von ½ Zitrone, 1 Grapefruit oder 1 Apfel zufügen.

Morgenmeditation

Einer meiner liebsten Augenblicke am Tag ist morgens, wenn ich ganz alleine bin.

MIT EINER TASSE frisch gebrühtem Ingwertee setze ich mich auf unseren dicken Teppich im Wohnzimmer und schaue nach draußen. Wenn die Sonne scheint, ist es natürlich besonders schön. Aber gerade an trüben Tagen liegt eine angenehme Ruhe über diesem Moment. Nach meiner Morgenmeditation ist die Tasse Tee geleert und ich bin im neuen Tag angekommen.

Die Morgenmeditation hat ganz einfache Regeln: Atme ruhig, nimm ab und an einen kleinen Schluck Ingwertee und lasse deine Gedanken kommen und gehen, ohne sie lenken zu wollen. Ein bisschen so, als würdest du die Wolken am Himmel beobachten. Sie werden vom Wind weitergeweht, neue Wolken tauchen auf und ziehen schließlich ebenso weiter.

Nimm die Fülle deiner Gedanken neugierig wahr. Versuche dabei immer wieder, dich nicht involvieren zu lassen und im Hier und Jetzt präsent zu bleiben. Das bedeutet, keine Pläne für die Zukunft zu machen und nicht in die Vergangenheit zu blicken. Den restlichen Tag wirst du genug Zeit haben, Entscheidungen zu treffen und nach ihnen zu handeln. Während deiner kleinen Meditation musst du nichts weiter tun, außer da und du selbst zu sein. Allein das lässt dich ein absolutes Wohlgefühl von Offenheit und Weite empfinden.

Feueratmung

Die Feueratmung praktiziere ich am liebsten morgens oder vor einer längeren Yoga-session. Sie wirkt wärmend und reinigend, verbessert den Sauerstoffgehalt im Blut und setzt Energie frei.

SETZE DICH ETWAS ERHÖHT auf den Boden, nimm dafür einen Block, ein festes Kissen oder eine gefaltete Decke zur Hilfe. Dein unterer Rücken kann sich so bequem aufrichten. Lasse deinen Atem einfach kommen und gehen. Mit der Einatmung richte deine Wirbelsäule auf und lasse beim Ausatmen die Sitzhöcker nach unten sinken.

Vielleicht magst du eine Hand auf deinen Bauch legen, um so den Rhythmus deiner Atmung besser spüren zu können. Atme tief durch die Nase ein und vollständig wieder aus.

Bei der nächsten Einatmung die Lungen nur zu zwei Dritteln füllen. Ziehe jetzt deine Bauchdecke in schnellen Bewegungen nach innen, sodass du stoßartig durch die Nase ausatmest. Die kräftige Bewegung nach innen bewirkt, dass die Luft förmlich aus deinen Lungen gepresst wird.

Nach jeder Ausatmung folgt eine kurze passive Einatmung – ganz ohne dein Zutun. Nach zwanzig Wiederholungen atme einmal vollständig ein und wieder aus. Komme zu deiner natürlichen Atmung zurück und mache eine kurze Pause, bevor du mit einer weiteren Runde Feueratmung beginnst. Nach insgesamt drei Runden bleibst du noch eine Weile sitzen und lässt die Atmung nachwirken. Spüre, wie angenehm frei dein Kopf ist und wie du dem Tag voller Energie begegnest.

ACHTUNG: Die Feueratmung sollte nicht während der Schwangerschaft, bei zu hohem oder niedrigem Blutdruck, Lungenkrankheiten oder akuten Problemen mit deinen Ohren oder Augen praktiziert werden.

Die Berghaltung

Es sieht so einfach und unspektakulär aus. Doch kraftvoll zu stehen, sich bewusst durch die Füße mit dem Boden zu verwurzeln und dann den ganzen Körper vom Fundament her aufzurichten und zu erden ist manchmal eine wahre Herausforderung. Wenn du diese Haltung morgens übst, gehst du mit viel Standvermögen, Selbstbewusstsein und innerer Klarheit in den Tag.

Bei gutem Wetter kannst du diese Haltung am offenen Fenster üben. Nehme barfuß – und wenn du magst noch im Schlafanzug – wahr, wie sich der Boden anfühlt. Die Füße stehen hüftbreit und parallel zueinander. Hebe die Zehen leicht an, spreize sie nach Möglichkeit und lege sie so wieder auf dem Boden ab. Das Gewicht ist gleichmäßig auf den Füßen verteilt.

AKTIVIERE DEINE BEINE, indem du die Außenkanten der Fersen in den Boden drückst und die Kniescheiben nach oben ziehst. Durch diese Spannung in den Beinen wird der Beckenboden sanft aktiviert.

ZIEHE DEN BAUCHNABEL leicht nach innen Richtung Wirbelsäule, sodass ein Tonus in der Körpermitte entsteht.

DAS STEISSBEIN SCHIEBT NACH UNTEN, das Becken kann sich aufrichten. Die Aufrichtung des unteren Rückens und der Wirbelsäule kommt aus den Beinen heraus. Wenn du das Brustbein hebst und die Schultern entspannt nach unten und hinten sinken lässt, kann dein Kopf nach hinten und oben streben. Du spürst eine leichte Dehnung in der Halswirbelsäule. Die Arme hängen ganz entspannt neben dem Körper, die Handflächen zeigen zum Körper.

In dieser aufgerichteten Haltung geht dein Blick ganz weich und ohne Fokussierung in die Ferne. Die Atmung ist ruhig und tief.

Der Sonnengruß

Um den Tag dynamisch und kraftvoll zu beginnen, ist der Sonnengruß genau das Richtige. Er stärkt den Kreislauf und fördert die Beweglichkeit. Die Wirbelsäule wird in alle Richtungen gedehnt, die Hüften werden weich geöffnet und sowohl die Beine als auch die Arme sind danach angenehm aufgewärmt.

Je nach Tagesverfassung kannst du eher langsam oder dynamisch durch die Bewegungsabläufe gehen. Wichtig ist, dass die Ausrichtung der einzelnen Haltungen korrekt ist und du immer wieder auf deine Atmung achtest. Auch hier gilt: Wenn der Atem nicht mehr fließen kann, solltest du die Haltung an dein Können anpassen oder eine Pause einlegen.

AUSATMEN: Komme in die Berghaltung. → **A**

EINATMEN: Nehme die Arme über die Seiten nach oben, der Blick geht zu den Händen. → **B**

AUSATMEN: Komme mit geradem Rücken und starken Beinen nach unten in die stehende Vorwärtsbeuge. Die Hände sind – wenn möglich – links und rechts neben den Füßen. Der Rücken ist rund, der Kopf hängt entspannt nach unten. → **C**

EINATMEN: Verlängere dich, komme in die halbe Vorbeuge, indem du die Fingerspitzen oder die Hände auf die Schienbeine bringst, sodass deine Wirbelsäule lang und gerade ist. Der Blick geht nach vorne, die Schultern ziehen weg von den Ohren. → **D**

AUSATMEN: Komme nochmal in die Vorwärtsbeuge, der Rücken ist rund.

EINATMEN: Setze einen Fuß nach dem anderen nach hinten und komme so ins Brett. Deine Handgelenke befinden sich genau unter den Schultern, deine Fersen drücken kraftvoll nach hinten. Ziehe deinen Bauchnabel nach innen Richtung Wirbelsäule und aktiviere so die Körpermitte. Achte darauf, dass deine Schulterblätter am Rücken anliegen, die Schultern also nicht zu den Ohren gezogen sind oder dein Rücken gekrümmt ist. Der ganze Körper sollte eine gerade Linie bilden. → **E**

E

F

G

H

AUSATMEN: Komme über die Knie oder die volle Liegestütze zum Boden, die Ellbogen bleiben dabei die ganze Zeit eng am Körper.

EINATMEN: Komme in die Kobra. Die Hände sind neben den unteren Rippen, das Steißbein zieht Richtung Fersen, der Rücken ist lang und gerade. Fußrücken und Hände drücken kraftvoll in den Boden. Du hebst die Schultern und schiebst das Brustbein nach vorne. Der Kopf bleibt in Verlängerung der Wirbelsäule, die Ellbogen sind eng am Körper. → **F**

AUSATMEN: Drücke die Hände kraftvoll nach vorne, ohne sie von der Stelle zu bewegen, und schiebe so den Po über die Knie zu den Fersen. Stelle die Zehenspitzen auf, hebe die Knie an und komme in den herabschauenden Hund. Die Füße stehen parallel und deine Fersen sinken Richtung Boden. Strecke deine Sitzhöcker zur Decke. Die Hände, insbesondere der Zeigefingerballen, haben einen guten Kontakt zum Boden. Die Finger sind leicht gespreizt. Dein Kopf hängt locker nach unten und der Nacken ist entspannt. Der Blick geht zu den Knien. Dein ganzer Rücken, von der Lendenwirbelsäule bis zum Nacken, wird langgezogen und gedehnt. Hier kannst du gut fünf Atemzüge bleiben. → **G**

EINATMEN: Atme ein, beuge leicht die Beine und lauf dann mit Trippelschritten und im Einklang mit deiner Einatmung zu deinen Händen. Komme nochmal auf die Fingerspitzen oder bringe die Hände auf die Schienbeine, ziehe deine Wirbelsäule in der halben Vorbeuge gerade nach vorn.

AUSATMEN: Komme in die stehende Vorwärtsbeuge. → **D**

EINATMEN: Komme mit geradem Rücken nach oben, nimm die Arme über die Seiten mit.

AUSATMEN: Führe die Hände vor deinem Herzen zusammen. → **H**

Nach einigen Sonnengrüßen kannst du in der aufrechten Haltung, mit den Händen vorm Herz, die Augen schließen, den Atem ruhig werden lassen und kurz nachspüren. Der Tag kann beginnen.

da-sein

Wenn wir arbeiten und vollständig in unsere Tätigkeit vertieft sind, vergessen wir manchmal etwas zu essen oder aber wir nehmen uns schlichtweg nicht die Zeit dafür. Ist die Arbeit dann abgeschlossen, stürzen wir uns heißhungrig auf die nächstbeste Mahlzeit, anstatt ruhig und genussvoll etwas zuzubereiten, das uns wirklich guttut. Die Rezepte in diesem Kapitel sind besonders einfach und schnell vorzubereiten. Die folgenden Suppen, Salate und Lunchideen machen Freude, nehmen dich bei der Zubereitung aber nicht völlig in Beschlag. Gönne dir eine Pause, finde die Zeit, dein Mittagessen vielleicht noch mit ein paar Sprossen, einem Klecks Joghurt oder klein geschnittenem, knackigem Obst liebevoll anzurichten. Das sorgt nicht nur für neue Aromen und überraschende Texturen – es hilft deinen Sinnen, dein eigenes Essen besser wahrzunehmen.

In meiner Küche verbringe ich viel Zeit. Sehr viel Zeit.

Keinen anderen Raum in unserem Haus nutze ich so intensiv – und das nicht nur, weil ich beruflich Rezepte entwickle und fotografiere. Wir essen gemeinsam am großen Tisch, wir feiern und spielen zusammen, arbeiten, erzählen von unserem Tag oder sitzen einfach nur still nebeneinander.

Gestalte deine Küche so, dass du dich darin wohlfühlst. Schau dich um und mache es dir schön. Wenn du dich gerne in deiner Küche aufhältst, kannst du das Kochen viel mehr genießen. Das heißt nicht, dass deine Ausstattung perfekt sein muss. Lasse deine Küche ihre eigene Geschichte erzählen und gleichzeitig deine persönlichen Vorlieben widerspiegeln.

Meine Küche ist fast 100 Jahre alt, die Schubladen lassen sich nur schwer öffnen und schließen. Ich ärgere mich nicht darüber, sondern stelle mir vor, welche Gegenstände wohl in den letzten 100 Jahren darin beherbergt wurden. Ich freue mich über die Holzbretter mit all ihren Spuren, die japanischen Steinguttassen von meinen Reisen, die individuell getöpferten Schüsseln und Teller. All diese Dinge erinnern mich an Stationen meines Lebens, an Erlebnisse, an liebe Menschen, an nahe und ferne Orte, an denen ich gewesen bin. Wie könnte ich zwischen all dem nicht zufrieden sein?

Buttermilchsuppe

Buttermilchsuppe ist eine schnell zubereitete Alternative zu Salat. Ähnlich wie bei grünen Smoothies kommt es bei dieser Suppe nicht auf genaue Mengenverhältnisse an. Je nach Wassergehalt des Gemüses gießt du einfach etwas mehr oder weniger Buttermilch hinzu. Wenn du es aromatischer magst, kannst du die Suppe mit Knoblauch, Chili, Ingwer oder anderen Gewürzen verfeinern.

FÜR 4 PORTIONEN

4–8 Handvoll Obst und Gemüse nach Wahl

Saft von 1–2 Zitronen oder Limetten

300–600 ml Buttermilch

10–20 Mandeln oder Cashewkerne

Einige Stängel Kräuter nach Wahl

1 TL Süßungsmittel nach Wahl (optional)

Meersalz

Frisch gemahlener schwarzer Pfeffer

Obst und Gemüse putzen und grob würfeln. Zusammen mit Zitronen- oder Limettensaft, Buttermilch, Mandeln oder Cashewkernen, Kräutern und Süßungsmittel in einem Hochleistungsmixer fein pürieren. Nach Bedarf etwas mehr Buttermilch zugießen und erneut mixen. Mit Meersalz und Pfeffer würzen.

OBST: z. B. Äpfel, Birnen, Aprikosen, Wassermelone

GEMÜSE, ROH: Gurke, Tomaten, Paprikaschoten, Fenchel, Avocado, Babyspinat, Staudensellerie

GEMÜSE, GEGART: Rote Bete, Pastinaken, Topinambur, Süßkartoffel, Kürbis

KRÄUTER: Minze, Basilikum, Zitronenmelisse, Petersilie, Dill, Koriander

SÜSSUNGSMITTEL: Reissirup, Ahornsirup, Honig

FRÜHLING

Gurke + Minze + Radieschen

2 Salatgurken längs halbieren, mit einem Teelöffel die Kerne entfernen. In Stücke schneiden und mit dem **Saft von 1 Zitrone, 300 ml Buttermilch, 1 kleinen Knoblauchzehe, 20 blanchierten Mandeln** und **20 Minzeblättchen** in einem Hochleistungsmixer fein pürieren. Mit **Meersalz** würzen und für mindestens 6 Stunden kalt stellen. **Einige Minzeblättchen** hacken, **2 Radieschen** in dünne Streifen schneiden. Die Suppe auf Schüsseln verteilen und mit Minze und Radieschen garnieren.

SOMMER

Tomate + Wassermelone + Feta

500 g Tomaten vom Strunk befreien. Die Tomatenhaut kreuzförmig einritzen und mit kochendem Wasser überbrühen. Nach 30 Sekunden abgießen, mit kaltem Wasser abschrecken, die Tomaten häuten und die Kerne entfernen. Zusammen mit **400 g Wassermelone**, dem **Saft von 1 Limette, 200 ml Buttermilch, 10 Mandeln** und **1 Knoblauchzehe** in einem Hochleistungsmixer glatt pürieren. Mit **Meersalz, frisch gemahlenem schwarzen Pfeffer** und **Chiliflocken** (optional) würzen, für mindestens 6 Stunden kalt stellen. **100 g Feta** zerbröseln und **einige Basilikumblättchen** in Streifen schneiden. Die Suppe auf Schüsseln verteilen und mit Feta und Basilikum garniert servieren.

HERBST

Avocado + Chili + Koriander

Das Fruchtfleisch von **3 Avocados** in einem Hochleistungsmixer zusammen mit **600 ml Buttermilch, ¼ frischer Chilischote,** dem **Saft von 2 Limetten, 1 Stück Ingwer (2–3 cm), 10 Cashewkernen, ½ Bund Koriander** und **1 TL Honig oder Reissirup** fein pürieren. Mit **Meersalz** und **frisch gemahlenem schwarzen Pfeffer** abschmecken und kühlen. Jede Portion mit jeweils **1 EL Joghurt** und **einigen Korianderblättchen** anrichten.

WINTER

Rote Bete + Apfel + Meerrettich

2–3 Rote Beten in einen kleinen Topf geben, mit Wasser bedecken und in ca. 30 Minuten garen. Anschließend abgießen, etwas abkühlen lassen, schälen und grob würfeln. Von **2 Äpfeln** das Kerngehäuse entfernen. ½ Apfel beiseitelegen, den Rest zusammen mit Roter Bete, **1 Gurke, 400 ml Buttermilch,** dem **Saft von 1 Zitrone, 10 Cashewkernen, 1 Stück Meerrettich (2–3 cm), 4 Stängeln Dill** und **1 TL Honig oder Reissirup** cremig pürieren. Mit **Meersalz** und **frisch gemahlenem schwarzen Pfeffer** würzen und kalt stellen. Den übrigen Apfel fein würfeln und mit **1 TL Zitronensaft** beträufeln. Die Suppe auf Schüsseln verteilen, mit Apfel, **2 TL gehacktem Dill** und jeweils **1 TL saurer Sahne** garnieren.

Vitalpasta

Die Pasta schmeckt schon für sich alleine gut. Du kannst sie nach Belieben mit Tofu, Gemüse oder Obst erweitern und mit Kräutern, Nüssen und Kernen garnieren.

FÜR 2 PORTIONEN

250 g Pasta nach Wahl

FÜR DIE BASISSOSSE:

20 g Ingwer

100 ml Öl nach Wahl

70 ml Zitronen- oder Limettensaft

40 ml Tamari- oder Sojasoße

Die Pasta nach Packungsanweisung zubereiten und kalt abschrecken. Währenddessen den Ingwer schälen und fein reiben oder grob raspeln. Zusammen mit Öl, Zitrussaft und Tamari- oder Sojasoße vermengen und auf zwei Schalen verteilen. Die gegarten Nudeln zugeben und vermengen.

PASTA: Buchweizennudeln, Dinkelnudeln, Reisnudeln

ÖL: Olivenöl, Sonnenblumenöl, Sesamöl, Traubenkernöl

FRÜHLING

Tofu + Erdnussmus + Frühlingszwiebeln

150 g festen Tofu abtropfen lassen, für ca. 1 Stunde in ein Küchentuch wickeln und mit einem Topf beschweren. Anschließend den Tofu würfeln und in einer Pfanne in **2 EL Erdnuss- oder Sesamöl** 5–10 Minuten kross anbraten. **2 EL Erdnussmus** mit **1 TL Limettensaft**, **1 TL Tamarisoße**, **1 TL Reissirup oder Honig** und **1 TL geriebenem Ingwer** verrühren, ½ **Knoblauchzehe** dazupressen und den Tofu darin marinieren. Währenddessen **Buchweizennudeln** und die Basissoße mit **Limettensaft** zubereiten. **1 Frühlingszwiebel** in Ringe schneiden. Die Pasta auf Schalen verteilen und mit Tofu und Frühlingszwiebel anrichten.

SOMMER

Pfirsich + Koriander + Chili

Reisnudeln und die Basissoße nach Rezept zubereiten. **1 Pfirsich** entkernen und in dünne Scheiben schneiden, **1 Chilischote** von Samen befreien und in dünne Ringe schneiden. Beides mit **1 EL Limettensaft** und **einigen Korianderblättchen** mischen. Die Vitalpasta damit garnieren und sofort servieren.

HERBST

Joghurt + Apfel + Staudensellerie

Buchweizennudeln und die Basissoße mit **50 ml Sonnenblumenöl**, **50 g Joghurt**, **Zitronensaft** und **Tamarisoße** zubereiten. **1 Apfel** schälen, vom Kerngehäuse befreien und fein würfeln. ½ **Stange Staudensellerie** putzen und in dünne Scheiben schneiden. Alle Zutaten miteinander vermengen und genießen.

Das Miso-Dressing passt auch gut zu den Lunchboxsalaten (Rezepte siehe Seite 84 ff.) und den Blattsalaten (Rezepte siehe Seite 188 ff.).

WINTER

Miso + Möhre + Sesam

Reisnudeln und die Basissoße nach Rezept zubereiten und miteinander vermengen. **2 EL Sesamsamen** ohne Fett in einer Pfanne bei mittlerer Temperatur rösten. 2 **Möhren** schälen, 1 davon in dünne Scheiben schneiden und beiseitestellen, die andere grob hacken. **1 Stück Ingwer (2–3 cm)** und **1 kleine Schalotte** ebenfalls schälen und grob hacken. Die gehackte Möhre, Ingwer und Schalotte zusammen mit **1 EL weißer Misopaste**, **2 EL Zitronensaft**, **60 ml Sonnenblumenöl**, **3 EL Wasser** und **1 EL** der gerösteten Sesamsamen fein pürieren. Nach Bedarf mit mehr Wasser verdünnen. Die Vitalpasta mit dem Miso-Dressing, der in Scheiben geschnittenen Möhre und den übrigen Sesamsamen garnieren.

Lunchboxsalat

Dieser Salat ist ein echter Alleskönner. Er macht angenehm satt, schmeckt warm, kalt, frisch zubereitet und ebenso gut noch am nächsten Tag.

FÜR 2 PORTIONEN

80 g Getreide oder Pseudogetreide nach Wahl

1 Handvoll Gemüse oder Hülsenfrüchte nach Wahl

1–2 Handvoll Pflanzengrün nach Wahl

2 EL Garnitur nach Wahl

FÜR DAS DRESSING:

60 ml Zitrussaft oder Essig nach Wahl

90 ml Öl nach Wahl

1 TL Süßungsmittel nach Wahl (optional)

½ TL Meersalz

Getreide oder Pseudogetreide wie auf Seite 220 beschrieben kochen und etwas abkühlen lassen. Alle Zutaten für das Dressing verrühren und zugießen. Das Gemüse gegebenenfalls im Ofen garen oder anbraten, Hülsenfrüchte in Wasser kochen. Mit dem Getreide vermengen und auf dem Pflanzengrün anrichten. Nach Belieben garnieren.

Bereitet man den Lunchboxsalat für unterwegs, wählt man am besten widerstandsfähiges Pflanzengrün wie Grünkohl und schichtet es ganz zum Schluss ein.

GETREIDE UND PSEUDOGETREIDE: Quinoa, Buchweizen, Grünkern, Dinkel, Hirse

GEMÜSE: Süßkartoffel, Kürbis, Mais, Tomaten, Paprikaschoten, Avocado, Rote Bete

HÜLSENFRÜCHTE: Erbsen, Linsen, Bohnen, Kichererbsen

PFLANZENGRÜN: Babyspinat, Brunnenkresse, Bataviasalat, Chicorée, Chinakohl, Eichblattsalat, Eisbergsalat, Endiviensalat, Feldsalat, Kopfsalat, Lollo rosso, Löwenzahn, Portulak, Radicchio, Rucola, Romanasalat

GARNITUR: Sprossen, Kräuter, Samen und Kerne, geriebener Hartkäse, in Stücke gezupfter Weichkäse, gekochtes oder pochiertes Ei, Joghurt, saure Sahne

ZITRUSSAFT UND ESSIG: Limettensaft, Zitronensaft, Apfelessig, Reisessig

ÖL: Olivenöl, Sonnenblumenöl, Rapsöl, Traubenkernöl, Walnussöl, Kürbiskernöl

SÜSSUNGSMITTEL: Honig, Reissirup, Ahornsirup

FRÜHLING

Hirse + Spargel + Petersilie

Hirse kochen und etwas abkühlen lassen. **8 Stangen grünen Spargel** putzen und im Dampfgarer oder in einer Pfanne mit 3 EL Wasser bei geschlossenem Deckel 5 Minuten dünsten. Währenddessen in einem kleinen Topf Wasser zum Kochen bringen. **2 Eier** darin bei mittlerer Temperatur 7 Minuten kochen, anschließend kalt abschrecken, pellen und vierteln. Für das Dressing **100 ml Kefir, 50 ml Apfelessig, 1 Bund Petersilie, 5 Mandeln, 1 TL Honig** und ½ **TL Meersalz** pürieren. Die Hirse mit zwei Dritteln des Dressings mischen und zusammen mit Spargel, Ei und je **1 Handvoll Kräutern** nach Wahl anrichten. Mit einigen Meersalzflocken bestreuen und das restliche Dressing darüberträufeln.

SOMMER

Quinoa + Basilikum + Tomate

Den Backofen auf 200 °C vorheizen. **Quinoa** garen und abkühlen lassen. **4 Rispen Tomaten** auf ein mit Backpapier ausgelegtes Backblech geben, mit **1 TL Olivenöl** beträufeln und mit **Meersalz** und **frisch gemahlenem schwarzen Pfeffer** würzen. Im Ofen ca. 20 Minuten rösten. Für das Dressing **90 ml Olivenöl, 50 ml Zitronensaft, 3 EL Basilikumpesto** (Rezept siehe Seite 223) und ½ **TL Meersalz** mischen. Die Quinoa mit zwei Dritteln des Dressings vermengen und auf je **1 Handvoll Spinat** anrichten. Mit den Tomaten garnieren, das übrige Dressing darüberträufeln.

HERBST

Buchweizen + Mais + Bohnen

Quinoa und **Buchweizen** zu gleichen Teilen zubereiten. **1 Maiskolben** in einen kleinen Topf geben, mit Wasser bedecken und in 20 Minuten garen. Eine Grillpfanne erhitzen und den Mais darin 10–15 Minuten von allen Seiten grillen. Abkühlen lassen und die Maiskörner mit einem Messer vom Kolben lösen. Für das Dressing **2 EL Tahini** mit **2 EL heißem Wasser** verrühren. Mit **50 g Joghurt, 50 ml Olivenöl, 60 ml Limettensaft, 1 kleinen Knoblauchzehe** und ½ **TL Meersalz** mischen. **250 g gemischte Bohnen (selbst gekocht oder aus dem Glas)** abspülen und abtropfen lasen. Buchweizen, Bohnen und Mais mit dem Dressing vermengen. Mit **einigen Korianderblättchen** bestreut servieren.

WINTER

Dinkel + Kürbis + Sprossen

Den Backofen auf 180 °C vorheizen. **Zartdinkel** garen und etwas abkühlen lassen. **1 kleinen Hokkaido- oder Butternusskürbis** putzen und in Spalten schneiden. **2 EL Kokosöl** mit ½ **TL Chiliflocken,** ½ **TL Zimt** und ½ **TL Meersalz** verrühren und das Gemüse damit einreiben. Auf ein mit Backpapier ausgelegtes Backblech geben und 40 Minuten backen. Für das Dressing **50 g Joghurt** mit **50 ml Olivenöl, 50 ml Zitronensaft, 1 TL Reissirup** und ½ **TL Meersalz** verrühren. **1 Bund Koriander** und **1 Frühlingszwiebel** sehr fein hacken und unterziehen. Den Dinkel mit **1 Handvoll Pflanzengrün** und den Kürbispalten anrichten. Mit Dressing beträufeln und mit ½ **Handvoll Sprossen** garnieren.

Fritters

Fritters oder Gemüseküchlein sind genau das Richtige, wenn du Kraft brauchst.

FÜR 2 PORTIONEN

¼ Bund Kräuter nach Wahl

1 Frühlingszwiebel

250 g Gemüse nach Wahl

1 Kartoffel (ca. 70 g)

Meersalz

2 Eier

2–3 EL Dinkelvollkornmehl

30–50 g Käse nach Wahl

Frisch gemahlener schwarzer Pfeffer

Rapsöl oder Kokosöl zum Braten

FÜR DIE SOSSE:

¼ Bund Kräuter nach Wahl

200 g saure Sahne oder Joghurt

1–3 TL Zitronen- oder Limettensaft

½ TL Süßungsmittel nach Wahl

¼ TL Meersalz

Sowohl die Kräuter für die Fritters als auch für die Soße fein hacken. Für die Soße die Kräuter mit allen übrigen Zutaten vermengen und beiseitestellen.

Für die Fritters die Frühlingszwiebel in feine Ringe schneiden, das Gemüse putzen, die Kartoffel schälen. Alles grob reiben oder in ganz dünne Streifen schneiden, mit ½ TL Meersalz in ein Sieb geben und mindestens 15 Minuten Wasser ziehen lassen. Anschließend in einem Küchentuch auspressen.

Die Eier mit dem Dinkelmehl verquirlen. Den Käse hineinreiben. Gemüse, Kartoffel und Kräuter untermengen. Mit Meersalz und Pfeffer abschmecken und sofort weiterverarbeiten. 3 EL Öl in einer großen Pfanne bei mittlerer Temperatur erhitzen. Mit einem Esslöffel portionsweise Teig in die Pfanne geben, etwas flach drücken und die Fritters auf beiden Seiten kross anbraten.

KRÄUTER: Minze, Basilikum, Estragon, Majoran, Oregano, Petersilie, Schnittlauch, Dill, Koriander

GEMÜSE: Möhren, Fenchel, Zucchini, Paprikaschoten, Brokkoli, Mais, grüner Spargel, Gemüsezwiebel, Bohnen, Erbsen, Knollensellerie, Staudensellerie, Spinat, Mangold, Kohl, Sauerkraut

KÄSE: Bergkäse, Parmesan, Cheddar, Pecorino, Manchego, Gruyère, Asiago, Mozzarella, Feta

SÜSSUNGSMITTEL: Reissirup, Ahornsirup, Honig

FRÜHLING

Grüner Spargel + Parmesan + Minze

Die Fritters wie im Rezept beschrieben mit in feine Streifen geschnittenem **grünen Spargel, Parmesan** und **Minze** zubereiten. Die Soße mit **Limettensaft** und **Honig** anrühren.

SOMMER

Zucchini + Feta + Basilikum

Die Fritters wie im Rezept beschrieben mit **geraspelter Zucchini** (eine möglichst kleine Zucchini mit wenig Kernen wählen), **zerbröseltem Feta** und **kleinblättrigem oder gehacktem Basilikum** zubereiten. Für die Soße noch ½ **frische Chilischote** von Samen befreien, fein hacken und untermengen.

HERBST

Möhre + Sellerie + Petersilie

Die Fritters nach Rezept mit **125 g Möhre** und **125 g Knollensellerie, Bergkäse** und **glatter Petersilie** zubereiten. Die Soße mit **Ahornsirup** süßen.

WINTER

Sauerkraut + Gruyère + Majoran

Die Fritters wie im Rezept beschrieben mit **Sauerkraut (selbst gemacht oder aus dem Glas), Gruyère** und **1 Stängel Majoran** zubereiten. Das Sauerkraut dafür gründlich abtropfen lassen. Die Soße ohne Kräuter anrühren, dafür ½ **Knoblauchzehe** hacken und untermengen.

Zu den Fritters passen auch die Dressings der Lunchboxsalate (Rezepte siehe Seite 84 ff.) gut.

Süßkartoffelscheiben

Dieses Gericht ist so schnell und einfach zuzubereiten, dass man fast kein Rezept bräuchte.
Ich esse die Scheiben gerne statt Brot zu einem großen Salat.

FÜR 1 PORTION

1 Süßkartoffel
1 TL Butter oder Öl nach Wahl
Meersalzflocken
Belag nach Wahl

Die Süßkartoffel putzen und längs in ca. 1 cm dicke Scheiben schneiden. Jede Scheibe auf höchster Stufe 2–3 Mal im Toaster garen. Mit Butter oder Öl bestreichen, mit Meersalzflocken bestreuen und nach Belieben belegen.

Alternativ kann man die Süßkartoffelscheiben auch mit etwas Butter oder Öl in der Pfanne garen.

BUTTER UND ÖL: Butter, Ghee, Olivenöl, Sesamöl, Sonnenblumenöl, Kokosöl

BELAG
KÄSE: Mozzarella, Burrata, Hüttenkäse, Frischkäse, Paneer, Feta
PFLANZENGRÜN UND KRÄUTER: Schnittlauch, Bärlauch, Dill, Basilikum, Petersilie, Koriander, Estragon, Kerbel, Minze, Kresse, Babyspinat
MUS: Hummus, Bohnenmus, Erbsenmus, zerdrückte Avocado
AUSSERDEM: Frühlingszwiebel, geriebener Ingwer, Sprossen, Kerne, Samen, Chiliflocken, Pesto, Harissa, Sojasoße, Tamarisoße, Zitronensaft, Balsamicoessig

FRÜHLING

Quark + Leinöl + Kresse

Die Süßkartoffelscheiben garen. **100 g Quark** mit **2 EL Joghurt** und **1 EL Zitronensaft** verrühren, mit **Meersalz** würzen. Auf den Süßkartoffelscheiben verstreichen und **1 EL Leinöl** darüberträufeln. **4 Radieschen** in dünne Scheiben schneiden und zusammen mit ½ **Schale Kresse** über den Quark streuen.

SOMMER

Avocado + Tomate + Sprossen

Die Süßkartoffelscheiben wie im Rezept beschrieben garen. Währenddessen das **Fruchtfleisch von 1 Avocado** grob zerdrücken und auf den Süßkartoffelscheiben verstreichen. **1 EL Olivenöl** mit **1 TL Zitronensaft** und ¼ **TL Meersalz** verrühren und darüberträufeln. **6–8 Datteltomaten** in dünne Scheiben und **1 Frühlingszwiebel** in feine Ringe schneiden. Zusammen mit **1 kleinen Handvoll Sprossen** auf der Avocadocreme verteilen. Nach Belieben mit **Meersalzflocken** bestreuen.

HERBST

Limette + Erdnussmus + Koriander

Die Süßkartoffelscheiben garen. **1 Stück Ingwer (2–3 cm)** fein reiben. Mit **2–3 EL Limettensaft**, dem **Abrieb von 1 Bio-Limette, 2 EL Erdnussmus, 1–2 EL Tamarisoße (alternativ Sojasoße)** und **1 TL Ahornsirup** verrühren. Ist die Soße zu dick, mit etwas Wasser verdünnen. Auf den gegarten Süßkartoffelscheiben verteilen und mit **einigen Korianderblättchen** und **Chiliflocken** bestreuen.

WINTER

Rosmarin + Knoblauch + weiße Bohnen

Die Süßkartoffelscheiben wie im Rezept beschrieben garen. **1 Knoblauchzehe** schälen und zerdrücken. In einem kleinen Topf **1 EL Olivenöl** erwärmen und die Knoblauchzehe darin zusammen mit **1 Zweig Rosmarin** 2–3 Minuten bei mittlerer Temperatur andünsten. **400 g Canellini-Bohnen (selbst gekocht oder aus dem Glas)** abgießen, abspülen und zum Öl in den Topf geben, kurz erwärmen. Die Bohnen mit einem Kartoffelstampfer grob zerdrücken, mit **Meersalz** und **frisch gemahlenem schwarzen Pfeffer** würzen. Auf die Süßkartoffelscheiben häufen. Mit **1 Klecks saurer Sahne** servieren.

Zu den Süßkartoffelscheiben passen auch die Jahreszeiten-Variationen der Fladenbrote auf Seite 198 ff.

Obstwasser mit Honigsirup

Das Obstwasser ist eine fruchtige Erfrischung und fast ein kleiner Nachtisch. Wer es weniger süß mag, verwendet statt Obst einfach Gurke.

FÜR CA. 150 ML HONIGSIRUP

75 g Honig

300 ml Wasser

Aromen nach Wahl (optional)

FÜR CA. 750 ML OBSTWASSER:

1–2 Handvoll Obst nach Wahl

Saft von 1–2 Zitrusfrüchten

500 ml Flüssigkeit nach Wahl

3–4 EL Honigsirup

Eiswürfel nach Belieben

Für den Sirup in einem kleinen Topf Honig und Wasser verrühren und nach Belieben Aromen zufügen. Bei mittlerer Temperatur unter gelegentlichem Umrühren zum Kochen bringen. Auf knapp die Hälfte einkochen, anschließend vom Herd nehmen, abkühlen lassen und gegebenenfalls abseihen. In eine saubere Flasche füllen und im Kühlschrank aufbewahren.

Für das Obstwasser das Obst putzen und grob würfeln. Zusammen mit Zitrussaft und Flüssigkeit im Hochleistungsmixer fein pürieren. Mit Honigsirup abschmecken und die Mischung durch ein feines Sieb oder einen Nussmilchbeutel abgießen. Vor dem Servieren kalt stellen oder Eiswürfel zufügen.

AROMEN: Minze, Basilikum, Rosmarin, Zitronenverbene, unbehandelte Rosenblüten, Holunderblüten, Zitronenschale, Limettenschale, Ingwer

OBST: z. B. Wassermelone, Honigmelone, Papaya, Beeren, Pfirsiche, Aprikosen, Birnen, Mango, Maracuja, Ananas, Guave

ZITRUSFRÜCHTE: Limetten, Zitronen, Grapefruits

FLÜSSIGKEIT: Wasser, Kokoswasser, Kräutertee, Früchtetee

FRÜHLING
Gurke + Spearminze

Den Honigsirup wie im Rezept angegeben mit zusätzlich **2 Stängeln Spearminze** zubereiten. Gleich nach dem Kochen abseihen, sonst wird der Sirup durch die Minze bitter. Das Obstwasser wie beschrieben mit **Gurke** statt Obst, **Limettensaft, Wasser** und Honig-Minz-Sirup zubereiten.

SOMMER
Wassermelone + Hibiskus

Den Honigsirup wie beschrieben herstellen. **2 TL getrocknete Hibiskusblüten** mit **500 ml Wasser** übergießen und 5–10 Minuten ziehen lassen, abseihen und abkühlen lassen. Das Obstwasser nach Rezept mit **Wassermelone, Limettensaft** und dem **abgekühlten Tee** zubereiten. Nach Belieben mit Honigsirup süßen und gekühlt genießen.

HERBST
Birne + Zitronenverbene

Den Sirup mit **1 Stängel Zitronenverbene** zubereiten und nach dem Kochen abseihen. Das Obstwasser nach Rezept mit **Birnen, Zitronensaft** und **Wasser** zubereiten. Mit dem Kräutersirup abschmecken und mit Eiswürfeln servieren.

WINTER
Ananas + Ingwer

Den Sirup wie im Rezept beschrieben mit **1 Stück Ingwer (1–2 cm)** zubereiten. Sobald der Sirup eingekocht ist, durch ein Sieb abseihen. Das Obstwasser mit **Ananas, Limettensaft** und **Kokoswasser** zubereiten. Mit Ingwersirup abschmecken. Gekühlt und mit **einigen Basilikumblättchen** servieren.

Wende dein Gesicht
der SONNE zu,
dann fallen die Schatten
hinter dich.

AUS THAILAND

Gemüsetarte

Durch die saure Sahne im Teig bekommt die Tarte eine wunderbar mürbe Konsistenz. Statt einer großen bereite ich am liebsten zwei kleine Tartes zu und belege sie mit unterschiedlichem Gemüse.

FÜR 1 GROSSE (30 CM) ODER 2 KLEINE (20 CM) TARTES

FÜR DEN TEIG:

100 g saure Sahne
2 TL Zitronensaft
60 ml eiskaltes Wasser
185 g Dinkelvollkornmehl
5 g Salz
110 g kalte Butter

FÜR DEN BELAG:

100 g Ricotta
2 TL Zitronensaft
Abrieb von 1 Bio-Zitrone
1 Knoblauchzehe (optional)
Meersalz
Frisch gemahlener schwarzer Pfeffer
2–3 Handvoll Gemüse nach Wahl
40 g Käse nach Wahl
Einige Kräuter nach Wahl (optional)
1 TL Olivenöl

Saure Sahne, Zitronensaft und eiskaltes Wasser in einer Schüssel verrühren und kalt stellen. Mehl, Salz und gekühlte Butter in einer Küchenmaschine mit der Schneidevorrichtung mischen, bis feine Brösel entstehen. Alternativ die Butter mit einem großen Messer in das Mehl einarbeiten und zu Bröseln hacken. Die Sahnemischung nach und nach zugießen, bis ein Teig entsteht – eventuell wird nicht die gesamte Menge der Sahnemischung benötigt. Den Teig zu einer Kugel formen, in Frischhaltefolie wickeln und für mindestens 1 Stunde kalt stellen.

Den Backofen auf 170 °C vorheizen. Für den Belag Ricotta, Zitronensaft und Zitronenabrieb vermengen. Nach Belieben Knoblauch zupressen, mit Meersalz und Pfeffer würzen. Das Gemüse putzen und klein schneiden, den Käse reiben und, sofern verwendet, die Kräuter fein hacken. Den Teig gegebenenfalls halbieren und zwischen zwei Bögen Backpapier rund oder rechteckig ausrollen, auf ein Backblech legen und das obere Backpapier abziehen. Die Ricottamischung auf dem Teig verstreichen, dabei einen Rand von ca. 4 cm frei lassen. Mit Käse und nach Belieben mit Kräutern bestreuen. Das Gemüse darauf verteilen, mit Olivenöl beträufeln und den Rand der Tarte umschlagen. In ca. 40 Minuten goldbraun backen.

GEMÜSE: grüner Spargel, Paprikaschoten, Lauch, Tomaten, Zwiebeln, Süßkartoffel, Möhren, Zucchini, Rote Bete, Grünkohl, Kartoffeln, Spinat, Rosenkohl, Fenchel

KÄSE: Bergkäse, Parmesan, Cheddar, Pecorino, Manchego, Gruyère, Asiago, Gorgonzola, Brie, Ziegenweichkäse, Feta

KRÄUTER: Rosmarin, Thymian, Oregano, Koriander, Minze, Salbei, Dill, Schnittlauch, Petersilie

FRÜHLING

Grüner Spargel + Parmesan

Teig und Belag zubereiten. **15–20 Stangen grünen Spargel** putzen und in Form schneiden. Den gekühlten Teig zu einem länglichen Rechteck ausrollen, mit der Ricottamischung bestreichen, mit **Parmesan** bestreuen und den Spargel nebeneinander darauflegen. Wie im Rezept beschrieben fortfahren und die Tarte noch warm oder abgekühlt servieren.

SOMMER

Zucchini + Mozzarella + Minze

Teig und Belag zubereiten. **1–2 Zucchini** in sehr dünne Scheiben schneiden. **125–250 g Mozzarella** trocken tupfen und in ca. 0,5 cm dicke Scheiben schneiden. Den Teig zur gewünschten Form ausrollen und mit der Ricottamischung bestreichen. Zwei Drittel des Käses darauf verteilen, dann dachziegelartig mit Zucchini belegen. **Einige Minzeblättchen** fein hacken und die Tarte damit bestreuen, den restlichen Mozzarella auf dem Gemüse verteilen. Wie im Rezept beschrieben fortfahren und die Tarte warm oder abgekühlt servieren.

HERBST

Schalotten + Lauch + Pilze

1 TL Zatar unter das Mehl mischen, dann Teig und Belag wie im Rezept beschrieben zubereiten. **1 Stange Lauch, 100 g Pilze nach Wahl** und **2–3 Schalotten** putzen und in grobe Stücke schneiden. Eine Pfanne erhitzen und die Pilze darin bei hoher Hitze anbraten, herausnehmen und beiseitestellen. Die Temperatur reduzieren, **2 EL Olivenöl** in derselben Pfanne erhitzen und den Lauch darin andünsten. Zu den Pilzen geben und mit **Meersalz** und **frisch gemahlenem schwarzen Pfeffer** würzen. Erneut 2 EL Olivenöl in der Pfanne erhitzen und die Schalotten darin weich dünsten, nach ca. 2 Minuten mit **1–2 TL Rohrohrzucker** bestreuen und karamellisieren lassen, unter die Lauch-Pilz-Mischung mengen. Den Teig ausrollen, mit der Ricottamischung bestreichen, mit **Gruyère** bestreuen und die Pilzmischung darauf verteilen. Nach Rezept fortfahren.

WINTER

Birne + Ziegenkäse + Thymian

Teig und Belag zubereiten. Statt Gemüse **1–2 Birnen** in dünne Scheiben schneiden, **100 g Ziegencamembert** in 0,5 cm dicke Scheiben schneiden. Den Teig zu zwei Kreisen ausrollen und mit der Ricottamischung bestreichen. Zuerst den Käse, dann die Birnen darauf verteilen. **4 Haselnüsse** hacken und zusammen mit **einigen Thymianblättchen** über die Tartes streuen, **1 EL Honig** darüberträufeln. Wie im Rezept beschrieben fortfahren und die Tartes warm oder abgekühlt servieren.

Gemüsebrühe

Brühe kann ein echter Lebensretter sein – sie ist leicht gekocht und wärmt von innen. Diese hier ist so einfach herzustellen, dass es wirklich keinen Grund gibt, auf gekaufte Alternativen zurückzugreifen. Wer sämige Suppen bevorzugt, kann in der Brühe Gemüse kochen und es anschließend pürieren.

FÜR 1,8 L BRÜHE:

1 kleine Zwiebel

½ Weißkohl

½ Knollensellerie (mit Grün und Wurzeln)

2 Möhren

1 Stange Lauch

2 Lorbeerblätter

3 Zweige Thymian

3 Stängel glatte Petersilie

1 ½ TL Salz

½ TL schwarze Pfefferkörner

Das Gemüse putzen und in grobe Stücke schneiden. Mit den übrigen Zutaten auf drei sterilisierte, verschließbare Gläser mit je 1 l Fassungsvermögen verteilen. Ca. 2,25 l Wasser kochen und die Gläser damit zu drei Vierteln auffüllen. Verschließen und abkühlen lassen. Über Nacht im Kühlschrank durchziehen lassen und die Brühe am nächsten Morgen abseihen.

Im Kühlschrank hält sich die Brühe ca. 1 Woche, im Tiefkühlfach 6 Monate.

FRÜHLING

Buchweizennocken + Parmesan

Für die Nocken **125 g Buchweizen** in einer Pfanne ohne Fett bei mittlerer Temperatur rösten. Die Körner sollten duften, aber keine Farbe annehmen. **300 ml Gemüsebrühe, je 2 EL Möhren-, Sellerie- und Lauchwürfel** sowie **1 Lorbeerblatt** zugeben. Aufkochen und zugedeckt 15 Minuten bei niedriger Temperatur quellen lassen. **3 EL geriebenen Parmesan** untermengen, mit **Meersalz** und **frisch gemahlenem schwarzen Pfeffer** würzen. Anschließend **1 Ei** unterziehen und aus der Masse mit 2 Teelöffeln Nocken formen. Die Nocken im Dämpfeinsatz eines Topfes in 8 Minuten garen. **1 Möhre** und **1 Handvoll Zuckerschoten** putzen und in feine Scheiben schneiden. **750 ml Gemüsebrühe** zum Sieden bringen und das Gemüse in 5 Minuten darin garen. Zusammen mit den Nocken auf zwei tiefe Teller verteilen.

SOMMER

Tomate + Fenchel

800 g Tomaten bester Qualität vom Strunk befreien. Die Tomatenhaut kreuzförmig einritzen und mit kochendem Wasser überbrühen. Nach 30 Sekunden abgießen und mit kaltem Wasser abschrecken. Die Tomaten häuten, die Kerne entfernen und das Fruchtfleisch in Stücke hacken. **1 kleine Zwiebel** in Ringe schneiden, **2 Möhren** und **1 kleine Fenchelknolle** putzen und in Stücke schneiden. **2 EL Kokosöl** in einem Topf bei mittlerer Temperatur erhitzen. Zwiebel, Möhren und Fenchel darin 5 Minuten dünsten, **1 Knoblauchzehe** fein hacken und zugeben, gelegentlich umrühren. Tomaten, **200 ml Gemüsebrühe** und **1 Zweig Thymian** zufügen. 30 Minuten bei niedriger Temperatur köcheln lassen. Mit dem Stabmixer pürieren, mit **Meersalz** und **frisch gemahlenem schwarzen Pfeffer** abschmecken. Mit **je 1 EL leicht geschlagener Sahne** servieren.

HERBST

Weiße Bohnen + Mangold

1 kleine Zwiebel in Ringe schneiden. **1–2 Handvoll gemischtes Wurzelgemüse (z. B. Möhren, Pastinake, Knollensellerie)** putzen und würfeln. **1 Bund Mangold** putzen, Stiele und Blätter getrennt in feine Streifen schneiden. **2 EL Olivenöl** in einem großen Topf bei mittlerer Temperatur erhitzen. Wurzelgemüse, Mangoldstiele und Zwiebel zusammen mit **1 Lorbeerblatt** darin farblos andünsten, **1 Knoblauchzehe** fein hacken und mitdünsten, gelegentlich umrühren. **750 ml Gemüsebrühe** zugießen. **400 g Canellini-Bohnen (selbst gekocht oder aus der Dose)** spülen, abtropfen und ebenfalls zugeben. Einmal aufkochen lassen, anschließend die Temperatur reduzieren. Ca. 20 Minuten köcheln lassen. Die Mangoldblätter zugeben, 3 Minuten ziehen lassen. Lorbeer entfernen und die Suppe mit **Meersalz** und **frisch gemahlenem schwarzen Pfeffer** abschmecken. Sofort servieren.

WINTER

Möhre + Ingwer + Kokos

1 kleine Zwiebel fein würfeln. **1 Stück Ingwer (3–4 cm)** reiben. **4–6 Möhren** putzen und würfeln. In einem großen Topf **2 EL Kokosöl** erhitzen und die Zwiebel darin weich dünsten. **½ TL Kreuzkümmel, Ingwer** und **Möhren** zugeben und anschwitzen. **2 EL Rohrohrzucker** darüberstreuen und karamellisieren lassen. **600 ml Gemüsebrühe** zugießen und 30 Minuten köcheln lassen. **100 ml Kokosmilch** und den **Saft von 1 Orange** einrühren, mit **Meersalz** und **frisch gemahlenem schwarzen Pfeffer** abschmecken. Die Suppe pürieren und nach Belieben noch durch ein Sieb streichen. Mit **einigen Korianderblättchen** bestreut servieren.

Aromatische Nussmilch

Selbst hergestellte Nussmilch kann mit natürlichen Zusätzen aromatisiert und nach Belieben gesüßt werden. Statt eines Desserts trinke ich gerne ein Glas davon nach dem Lunch. Allein die ungesüßte Variante schmeckt ganz wunderbar und ist für mich eine der wenigen pflanzlichen Alternativen zu Milch.

FÜR CA. 1,4 L

200 g Nüsse nach Wahl

1,5 l kaltes Wasser oder Kokoswasser

1 Prise Meersalz

1–2 EL Süßungsmittel nach Wahl (optional)

Die Nüsse in reichlich frischem Wasser wie unten angegeben einweichen. Anschließend abgießen und gut abspülen. Mit kaltem Wasser, Meersalz und nach Belieben mit Süßungsmittel in einen Hochleistungsmixer geben und bei höchster Stufe sehr fein pürieren.

Ein Sieb mit Musselin auslegen, alternativ einen Nussmilchbeutel verwenden und die Flüssigkeit in eine Schüssel abseihen. Die verbliebenen Nussreste gut ausdrücken, sodass die komplette Milch aufgefangen wird. In eine saubere, heiß ausgespülte Flasche füllen und gut verschließen. So hält sich die Nussmilch im Kühlschrank 2 Tage.

Nussreste lassen sich unter Müsli oder Porridge rühren und müssen nicht weggeworfen werden.

NÜSSE, MILD: Cashewkerne, Macadamianüsse, Mandeln

NÜSSE, AROMATISCH: Haselnüsse, Paranüsse, Pekannüsse, Pistazien, Walnüsse

SÜSSUNGSMITTEL, MILD: Reissirup, Akazienhonig

SÜSSUNGSMITTEL, AROMATISCH: Ahornsirup, Dattelsirup, Gerstenmalzsirup, dunkler Honig, Kokosblütenzucker

KURZE EINWEICHZEIT (2–4 STUNDEN): Cashewkerne, Macadamianüsse, Paranüsse, Pistazien

MITTLERE EINWEICHZEIT (4–8 STUNDEN): Pekannüsse, Walnüsse

LANGE EINWEICHZEIT (8–12 STUNDEN): Mandeln, Haselnüsse

FRÜHLING

Mandeln + Kokoswasser + Erdbeeren

Mandeln einweichen und abgießen. Anschließend mit **Kokoswasser, 15 geputzten Erdbeeren, Reissirup** und **Meersalz** in einen Hochleistungsmixer geben und fein pürieren. Wie im Rezept beschrieben abseihen und in eine Flasche füllen. Nach Belieben auf Eis servieren.

SOMMER

Cashewkerne + Datteln + Vanille

Cashewkerne einweichen und abgießen. Mit **Wasser, Mark von 1 Vanilleschote,** statt Süßungsmittel **1 Dattel ohne Stein** und **Meersalz** in einen Hochleistungsmixer geben und fein pürieren. Nach Rezept abseihen und in eine Flasche füllen.

HERBST

Haselnüsse + Kakao + Kokosblütenzucker

Haselnüsse einweichen und abgießen. Mit **Wasser, Kokosblütenzucker, 1 EL Kakao** und **Meersalz** in einem Hochleistungsmixer fein pürieren. Nach Rezept abseihen und in eine Flasche füllen.

WINTER

Pekannüsse + Maronen + Ahornsirup

150 g Pekannüsse einweichen und abgießen. Abspülen und mit **Wasser, 8 geschälten Maronen (vorgegart), Ahornsirup, etwas Zimt** und **Meersalz** in einem Hochleistungsmixer fein pürieren. Nach Rezept abseihen und in eine Flasche füllen.

Achtsamkeitsmeditation

Bei der folgenden Meditation kommt es darauf an, die Aufmerksamkeit langsam von außen nach innen zu lenken. Manchmal spielt der Geist verrückt, weil er ständig mit neuen Gedanken durcheinandergebracht wird. Diese Übung wird dir helfen, dem Karussell zu entkommen, etwas Abstand, Raum und Ruhe zu schaffen.

FINDE EINEN SITZ, in dem du für die nächsten 10–15 Minuten ruhig und bequem bleiben kannst, ohne deine Position zu verändern.

Schließe deine Augen, atme tief ein und aus und komme langsam an.

Beginne dann ganz aufmerksam zu hören, was um dich herum geschieht, welche Geräusche dich umgeben. Vielleicht ist es Regen, Wind oder Vogelgezwitscher. In der Ferne kannst du vielleicht das Rauschen des Verkehrs oder Kindergeschrei wahrnehmen.

Dann lenke deine Konzentration auf deinen Atem. Merke, wie sich dein Bauch bei der Einatmung hebt und durch die Ausatmung wieder senkt. Spüre auch, wie sich dein Brustkorb bei der Einatmung weitet und ausatmend wieder flach wird.

Atme jetzt in deine Körperrückseite, dehne und weite dich.

Bleibe hier so lange, wie es sich für dich gut anfühlt.

Wenn du so weit bist, atme tief bis in dein Becken aus und atme dann von hier bis zum Scheitel ein. Entspanne deine Kopfhaut und deinen Nacken. Lehne dich ganz leicht an deine innere Körperrückseite und tauche ein in diesen weiten, offenen, friedlichen Raum, den du geschaffen hast. Genieße die Ruhe in dir! Gönne dir diesen Augenblick und verweile hier.

Um wieder in den Alltag zurückzukommen, atme einfach noch einmal tief ein und aus, ziehe das Kinn Richtung Brust, um deinen Nacken etwas zu dehnen, dann öffne langsam die Augen.

Du findest
wieder zurück
zu deiner Mitte.

Meeresatmung

Geräuschvoll zu atmen, und zwar so, dass es sich anhört, als würde das Meer rauschen, wirkt ausgleichend und aktivierend. Der vertiefte Atem ermöglicht es dir, verbrauchte Energie abzugeben und neue aufzunehmen. Du findest wieder zurück zu deiner Mitte. Das Schöne ist, dass du diese Atmung sowohl auf der Couch als auch am Schreibtisch oder beim Abspülen – also eigentlich immer und überall – praktizieren kannst. Es ist die einzige Atemübung im Yoga, die auch während der Asanas beibehalten werden kann.

WENN DU 5 MINUTEN ZEIT HAST, suche dir einen ruhigen Platz und komme in einen aufrechten und bequemen Sitz, so wie er für dich angenehm ist.

Atme durch die Nase ein und durch den Mund aus, als wenn du einen beschlagenen Spiegel anhauchen wolltest. Verenge hierbei deine Stimmritze und erzeuge so ein sanftes Rauschen. Deine Atmung sollte wirklich hörbar sein. So kannst du dich leichter mit ihr verbinden und einen Fokus schaffen. Lasse deinen Mund offen, atme durch die Nase ein und hauche die Luft durch den Mund wieder aus. Versuche nun, die verengte Stimmritze sowohl während der Ein- als auch der Ausatmung zu halten. Atme mit offenem Mund ein und mit offenem Mund aus. Gehe langsam dazu über, nur durch die Nase zu atmen und den Mund geschlossen zu halten.

Der Baum

Der Baum ist eine Standhaltung auf einem Bein, mit deren Hilfe wir unseren Gleichgewichtssinn schulen und zugleich unsere Konzentrationsfähigkeit fördern. Bei dieser Haltung wird mir immer wieder bewusst, wie wichtig es ist „auf dem Boden zu bleiben". Also die Verwurzelung mit der Erde herzustellen, sich dadurch auch innerlich aufzurichten und Balance zu finden.

STEHE AUFRECHT IN DER BERGHALTUNG. Fokussiere einen festen Punkt vor dir, verlagere dann langsam das Gewicht auf deinen linken Fuß. Mit der Einatmung hebe das rechte Bein angewinkelt nach oben und ziehe das Knie an den Bauch. Greife jetzt den rechten Knöchel und öffne ausatmend das Bein, indem du das Knie nach außen drehst. Platziere den Fuß an deinem inneren Oberschenkel. Drücke dann nach dem Prinzip „Druck-Gegendruck" mit dem Fuß gegen den Oberschenkel und mit dem Oberschenkel gegen den Fuß – so erhältst du Stabilität. Achte darauf, dass dein Becken in einer neutralen Position bleibt, also die Hüfte auf der Seite des Standbeins nicht nach oben zieht.

DIE HÄNDE KANNST DU VORS HERZ NEHMEN. Wenn du noch weitergehen willst und es sich gut anfühlt, kannst du die Arme auch V-förmig nach oben strecken. Lasse die Schultern sinken, die Schulterblattspitzen ziehen nach hinten und unten. Vielleicht gelingt dir sogar ein kleines Lächeln!

DAS STANDBEIN BLEIBT STARK, die Fußsohle drückt in den Boden und du spürst förmlich, wie die Wurzeln nach unten wachsen, während du ruhig und tief weiteratmest.

NACH ZEHN ATEMZÜGEN gehe genauso achtsam aus der Haltung heraus, wie du sie eingenommen hast. Nimm noch einmal die Berghaltung ein, schließe die Augen und spüre kurz nach, bevor du die Übung auf der anderen Seite wiederholst.

Zu Anfang oder an wackligen Tagen kannst du den Fuß auch einfach an den Innenknöchel deines Standbeins legen oder mit den Zehenspitzen sogar leicht den Boden berühren. Wichtig ist, dass du den Fuß nie auf Höhe deines Knies platzierst, da das Kniegelenk durch den Druck zu sehr belastet wird.

A

B

C

D

Asanas

Wenn ich wenig Zeit habe, aber neue Energie und einen klaren Kopf brauche, übe ich gerne diese kurze Yogasequenz. Es tut gut, immer wieder in Bewegung zu kommen!

Komme in den Vierfüßlerstand. → **A** Sowohl die Handgelenke sind in einer geraden Linie unter den Schultern platziert als auch die Knie unter der Hüfte. Die Fußrücken liegen flach und drücken sanft gegen den Boden. Der Nabel zieht leicht zur Wirbelsäule. Der folgende Bewegungsablauf wird Katze-Kuh genannt.

EINATMEN: Schiebe dein Brustbein nach vorne und werde vor allem zwischen den Schulterblättern ganz weich. → **B**

AUSATMEN: Werde rund, ziehe deinen Nabel zur Wirbelsäule und das Kinn zur Brust. Wiederhole die Abfolge dreimal. → **C**

EINATMEN: Strecke den rechten Arm nach vorne und das linke Bein nach hinten aus. Die Bauchmuskeln sind aktiv, die Hüften sollten parallel zueinander bleiben. → **D**

AUSATMEN: Bringe Ellbogen und Knie zusammen und werde ganz rund. Wiederhole das dreimal. Wechsel dann die Seite und wiederhole die Übung dort ebenfalls dreimal. → **E**

AUSATMEN: Komme wieder in den Vierfüßlerstand, stelle die Zehen auf und hebe langsam die Knie vom Boden. Strecke die Beine und komme in den herabschauenden Hund. Richte dich aus (so wie auf Seite 71 beschrieben). → **F**

EINATMEN: Hebe und strecke dein linkes Bein nach hinten und oben und komme in den einbeinigen Hund. Achte darauf, dass deine linke Hüfte sich nicht öffnet, sondern möglichst parallel zur rechten bleibt.

AUSATMEN: Beuge das linke Bein, bringe das Knie zur Stirn und schiebe die Schultern mit rundem Rücken über die Handgelenke. Die rechte

Ferse drückt nach hinten, das Bein bleibt kraftvoll. Mit der Einatmung strecke das Bein wieder nach hinten und oben. Dreimal wiederholen. → **G**

Beim vierten Mal setze den linken Fuß sanft nach vorne zwischen deinen Händen ab.

EINATMEN: Komme in den Krieger I, der für Selbstbewusstsein und innere Klarheit steht und das Durchhaltevermögen stärkt. → **H**

Bevor du deinen Oberkörper hebst, richte dich so aus, dass du hüftbreit und parallel zum vorderen Mattenrand stehst. Beuge das vordere Bein auf 90 Grad und achte darauf, dass dein Knie nicht nach innen fällt. Die Zehenspitzen des linken Fußes zeigen nach vorne, der hintere Fuß ist flach auf dem Boden und für einen sicheren Stand leicht nach außen gedreht. Komme in der Einatmung mit dem Oberkörper und den Armen über vorne nach oben. Lasse deine Schultern entspannt sinken.

Bleibe hier fünf Atemzüge. Spüre, wie sowohl deine Hüftmuskulatur als auch der untere Rücken sanft gedehnt werden – besonders nach langem Sitzen ist das sehr angenehm.

Komme mit dem hinteren Fuß auf den Ballen. Bringe mit der Ausatmung die Hände links und rechts neben den vorderen Fuß und komme in den herabschauenden Hund. Verweile auch hier fünf Atemzüge und beginne dann mir der Wiederholung auf der anderen Seite.

Komme nach dem herabschauenden Hund kurz in den Fersensitz, auch Diamantsitz genannt. Ober- und Unterschenkel befinden sich parallel untereinander, die Fußsohlen berühren den Po, der Rücken ist gerade aufgerichtet, die Hände liegen entspannt auf den Knien. Schließe die Augen und lasse deinen Atem ruhig werden.

E

F

G

H

weiter-machen

Manchmal genügt ein kleiner Schubs. Ein wenig Energie,
die dich weitermachen und den nächsten Schritt gehen
lässt. Hier findest du kleine Kraftspender, die dir über
müde Stunden hinweghelfen.

Im Garten mein eigenes Obst und Gemüse zu ernten ...

... war lange Zeit ein großer Traum von mir. Während des Studiums konnte ich von meinem Zimmer in einen hoch ummauerten Klostergarten sehen, wo schon früh morgens gearbeitet wurde. Genau so würde ich es auch machen, ich war mir ganz sicher. Mittlerweile habe ich einen eigenen Garten und musste das Gärtnern erst noch lernen. Oft war ich übermotiviert und habe viel zu viel gegossen. Dann wiederum folgten Tage, an denen ich den Garten über andere Dinge völlig vergaß. Nur die widerstandsfähigsten Pflanzen hatten eine Chance, zum Beispiel mein Himbeerstrauch von Seite 135. Was mir in der Küche mühelos gelingt, nämlich aufmerksam, erfahren und trotzdem neugierig zu sein, musste ich in meinem Garten erst noch lernen. Nicht alles, was wir gut finden, fällt uns auch leicht, das habe ich nach dieser Erfahrung verstanden.

Vielleicht geht es dir in der Küche wie mir im Garten. Du möchtest dich gerne gut ernähren, aber dir fehlen manchmal die Ideen oder du weißt nicht so recht, wo du beginnen sollst? Bleibe dran. Jeder Tag, an dem du kochst, jede Mahlzeit, die du genießt, bringt dich ein Stück weiter.

Obst und Gemüse für zwischendurch

Eigentlich ist es nicht schwer. Wenn ich durstig bin, trinke ich ein Glas Wasser. Und habe ich zwischendurch Hunger, könnte ich einfach ein Stück Obst oder Gemüse essen. Das ist gesund, köstlich und braucht kaum Vorbereitungszeit. So simpel es scheint, fällt uns das Naheliegende häufig nicht ein. Diese Seite ist eine Art Erinnerungszettel.

FRÜHLING

Gurkenscheiben + Meersalzflocken

Radieschen + etwas Butter

Erdbeeren + weißer Pfeffer

Mangostücke + Limette + Chilipulver

SOMMER

Beeren + Beeren + Beeren

Melonenstücke + Ingwer

Kohlrabisticks + Schmand + Kräuter

Tomaten + Olivenöl

HERBST

Apfelspalten + Nussmus

Möhrensticks + Joghurt (Rezept siehe Seite 232) + Currypulver

Fenchel + Hummus (Rezept siehe Seite 224)

Bananenscheiben + Ahornsirup

WINTER

Orangenfilets + Zimt

Grapefruitfilets + Honig

Rettich + Meersalzflocken

Ananas + Minze

Chia-Pudding

FÜR 2 PORTIONEN

3–4 EL weiße Chia-Samen

250 ml Milch nach Wahl

1–3 EL Süßungsmittel nach Wahl (optional)

1 TL gemahlene Gewürze nach Wahl

4 EL Fruchtkompott oder frisches Obst nach Wahl

Die Chia-Samen in einer Schüssel mit Milch, Süßungsmittel und Gewürzen vermengen (ist die Milch bereits gesüßt, kann auf das Süßungsmittel verzichtet werden). Damit die gelierenden Samen keine Klümpchen bilden, nach 15 Minuten nochmals umrühren. Anschließend für mindestens 2 Stunden, besser über Nacht, im Kühlschrank quellen lassen. Am nächsten Morgen nochmal umrühren, auf zwei Schälchen verteilen und mit Fruchtkompott oder Obst garnieren.

MILCH: Kuhmilch, Ziegenmilch, Nussmilch, Hafermilch, Reismilch, Kokosmilch

SÜSSUNGSMITTEL: Reissirup, Ahornsirup, Fruchtsirup, Blütensirup, Dattelkaramell, Honig

GEWÜRZE: Zimt, Kardamom, Ingwer, Vanille, Tonkabohne, Sternanis, Kakao, Matchapulver

FRUCHTKOMPOTT: Apfelkompott, Rhabarberkompott, Beerenkompott, Pflaumenkompott, Kirschkompott

OBST: z. B. Aprikosen, Kirschen, Pflaumen, Beeren, Äpfel, Birnen, Pfirsiche, Himbeeren

Ist der Pudding nach der Quellzeit noch zu flüssig, 1 TL Chia-Samen zufügen und erneut quellen lassen. In einem sauberen, verschlossenen Gefäß hält sich der Chia-Pudding im Kühlschrank ca. 3 Tage.

FRÜHLING

Himbeeren + Rosenwasser + Hanf

200 g Himbeeren verlesen. 150 g davon mit **150 ml Mandelmilch, 1–2 EL Honig** und **½ TL Rosenwasser** pürieren. Die Chiasamen einrühren und quellen lassen. Anschließend auf zwei Schälchen verteilen. Zwei Drittel der übrigen Himbeeren mit etwas Wasser und **1 EL Honig** pürieren und auf den Pudding geben, mit den restlichen Beeren und **½ TL Hanfsamen** garnieren.

SOMMER

Aprikosen + Kardamom + Pistazien

Den Chia-Pudding mit **Mandel-Kokos-Milch, 1 Kardamomkapsel** und **Reissirup** zubereiten, die Kardamomkapsel vor dem Servieren entfernen. **3 Aprikosen** entsteinen, 2 davon mit etwas Wasser und Honig pürieren und auf den Pudding geben. Die übrige Aprikose in feine Scheiben schneiden und darauf verteilen. Mit **je 1 Klecks Kokosjoghurt** (Rezept siehe Seite 232) und **1 TL gehackten Pistazien** garnieren.

HERBST

Banane + Brombeeren + Ahornsirup

300 ml Hafermilch mit **1 Banane, 2 Datteln ohne Stein** und **½ TL Zimt** pürieren. Die Chiasamen einrühren und wie angegeben quellen lassen. **2 EL Walnüsse** hacken, mit **1 TL Ahornsirup** mischen und mit **1 Handvoll Brombeeren** auf dem Pudding verteilen.

WINTER

Passionsfrucht + Mango + Kokos

Den Chia-Pudding wie im Rezept beschrieben mit **Kokosmilch** und dem **Abrieb von 1 Bio-Limette** zubereiten. Nach dem Quellen **1 Passionsfrucht** halbieren, das Fruchtfleisch mit einem Löffel herauskratzen und unter den Pudding ziehen. **1 Mango** entkernen und mit dem **Saft von 1 Limette** pürieren, nach Belieben mit **Honig oder Reissirup** süßen. Auf dem Pudding verteilen und mit **1 TL Kokoschips** garnieren.

Nicecream

Die Herstellung von Nicecream ist so einfach, dass es das Rezept beinahe nicht ins Buch geschafft hätte. Aber genau das ist es, was mich jedes Mal aufs Neue fasziniert: wie aus einer einzigen Zutat etwas derart Köstliches entstehen kann. Mit Nussmus, Zitrusabrieb, Gewürzen und Süße kannst du die Nicecream ganz nach deinen Vorlieben kreieren.

FÜR 2 PORTIONEN

2–3 Bananen

bis zu 50 ml Milch nach Wahl (optional)

Die Bananen schälen, in ca. 1 cm dicke Scheiben schneiden und in einen Gefrierbeutel füllen. Am besten so ins Tiefkühlfach geben, dass die Bananenscheiben flach nebeneinanderliegen. Mindestens 3 Stunden gefrieren lassen. Die gefrorenen Bananenscheiben gegebenenfalls auseinanderbrechen, in einen Hochleistungsmixer geben und cremig pürieren. Sollte der Mixer nicht leistungsstark genug sein, esslöffelweise Milch zufügen oder die Bananen etwas antauen lassen.

MILCH: Kuhmilch, Ziegenmilch, Nussmilch, Hafermilch, Reismilch, Kokosmilch

Je reifer die Bananen sind, desto süßer und cremiger wird das Eis. Nicecream sollte sofort serviert werden, da sie einmal eingefroren ihre cremige Konsistenz verliert.

FRÜHLING

Mango + Limette + Ingwer

Die Bananen nach Rezept gefrieren. **1 Mango** halbieren, entkernen und das Fruchtfleisch in einen Hochleistungsmixer geben. Die **Schale von 1 Bio-Limette** abreiben, den Saft auspressen. Die Bananen zusammen mit drei Viertel des Abriebs, dem Saft, **5 Minzeblättchen** und 1 **Stück Ingwer (1–2 cm)** ebenfalls in den Mixer geben und alles cremig pürieren. Mit dem übrigen Limettenabrieb bestreut servieren.

SOMMER

Kirschen + Macadamia

100 g Kirschen entsteinen. Zusammen mit den gefrorenen Bananen wie im Rezept beschrieben cremig pürieren. **6 Macadamianüsse** hacken, das Eis auf zwei Schälchen verteilen und mit den Nüssen bestreut servieren.

HERBST

Haselnüsse + Kardamom + Espresso

50 g Haselnüsse, 30 ml abgekühlter Espresso, ½ TL gemahlener Kardamom und **2 weiche Datteln ohne Stein** zusammen mit den gefrorenen Bananen cremig pürieren. Auf zwei Schälchen verteilen, **1 kleine Handvoll Haselnüsse** hacken und das Eis damit bestreut servieren.

WINTER

Erdnussmus + Honig + Meersalzflocken

Die gefrorenen Bananen mit **5 TL Erdnussmus** und **3 TL Honig** im Hochleistungsmixer zu Eis verarbeiten. Auf zwei Schälchen verteilen, mit **1 Prise Meersalzflocken** bestreuen und servieren.

Limonade

Mit dieser erfrischenden Limonade würde ich am liebsten jedem zuprosten. Sie ist ganz einfach herzustellen, und doch habe ich immer das Gefühl, einen besonderen Drink in der Hand zu halten.

FÜR 1 L

4 Bio-Limetten
1–3 EL Süßungsmittel nach Wahl
2–3 Stängel Kräuter nach Belieben

Die Limetten heiß abspülen und halbieren. 6 Hälften auspressen, die beiden übrigen nochmals teilen und eventuell vorhandene Kerne entfernen. Die Limettenviertel in einen Hochleistungsmixer geben. Saft und Süßungsmittel zugeben und alles fein pürieren. Mit 1 l kaltem Wasser (still oder mit Kohlensäure) aufgießen, nach Belieben Kräuterstängel zufügen und kurz ziehen lassen.

SÜSSUNGSMITTEL: Ahornsirup, Honig, Fruchtsirup, Blütensirup, Reissirup
KRÄUTER: Minze, Basilikum, Lavendel, Rosmarin, Zitronenmelisse, Zitronenverbene

Die Limonadenbasis lässt sich im Kühlschrank aufbewahren und nach Belieben glasweise mit Wasser aufgießen.

FRÜHLING
Zitrone + Holunder

Die Limonadenbasis anstelle von Limetten mit **2 Bio-Zitronen** zubereiten. Dabei 3 Zitronenhälften auspressen. Von der vierten Hälfte das Endstück ohne Fruchtfleisch abschneiden. Die Kerne entfernen und die Zitronenhälfte in Stücke hacken. Zusammen mit dem Zitronensaft und **Holunderblütensirup** wie im Rezept beschrieben mixen und mit Wasser aufgießen.

SOMMER
Johannisbeeren

1 Handvoll Johannisbeeren vorsichtig waschen, trocken tupfen und einfrieren. Die Limonadenbasis mit **Bio-Limetten** (siehe Frühlingsvariante) und **Honig** zubereiten und mit Wasser auffüllen. Die gefrorenen Beeren auf Gläser verteilen und mit der Limonade aufgießen.

HERBST
Matcha + Minze

Die Limonadenbasis nach Rezept mit **Bio-Limetten** und **Reissirup** herstellen, zusätzlich **1–2 TL Matchapulver** zugeben. Mit eisgekühltem Wasser aufgießen, auf vier Gläser verteilen und **jeweils 1 Stängel Minze** zufügen.

WINTER
Maracuja + Basilikum

2 Maracujas halbieren, das Fruchtfleisch mit einem Löffel herauskratzen und auf vier Gläser verteilen. Die Limonadenbasis wie im Grundrezept beschrieben zubereiten, mit kaltem Mineralwasser auffüllen und auf die Gläser verteilen. Mit **einigen Basilikumblättchen** garnieren.

Wer NEU anfangen will,
sollte es SOFORT tun,
denn eine überwundene
Schwierigkeit vermeidet
hundert neue.

KONFUZIUS

Bliss Balls

Bliss Balls sind die Pralinen unter den gesunden Energiespendern.

FÜR 10 STÜCK

75 g Kokosraspel oder Nüsse
und Kerne nach Wahl

150 g Trockenobst nach Wahl

¼–½ TL gemahlene Gewürze nach Wahl

1 TL Zitrusabrieb nach Wahl

1–2 EL Kokosrapel oder Samen nach Wahl

Die Kokosraspel oder Nüsse und Kerne in einen Hochleistungsmixer geben und grob mahlen. Trockenobst und Gewürze sowie nach Belieben Zitrusabrieb zugeben und pulsierend so lange mixen, bis die Mischung homogen und klebrig ist. Nach Bedarf teelöffelweise Wasser zufügen. Ist die Masse noch nicht klebrig genug, mehr Trockenobst verwenden. Mit sauberen Händen portionsweise zu Kugeln formen und in den Kokosraspeln oder Samen wälzen. Bis zum Verzehr kalt stellen.

NÜSSE UND KERNE: Cashewkerne, Macadamianüsse, Mandeln, Haselnüsse, Paranüsse, Pekannüsse, Pistazien, Walnüsse, Sonnenblumenkerne, Kürbiskerne, Pinienkerne

TROCKENOBST: Datteln ohne Stein, Aprikosen, Rosinen, Apfelringe, Sauerkirschen, Cranberrys, Ananas, Maulbeeren, Gojibeeren, Feigen

GEWÜRZE: Zimt, Kardamom, Ingwer, Vanille, Tonkabohne, Chili

ZITRUSFRÜCHTE: Orangen, Mandarinen, Limetten, Zitronen

SAMEN: Hanfsamen, Chiasamen, Sesamsamen

Die Bliss Balls in einer verschlossenen Dose im Kühlschrank aufbewahren.

FRÜHLING

Macadamia + Aprikosen + Kokos

50 g Macadamianüsse und **2 EL Pistazien** im Hochleistungsmixer grob zerkleinern. **2 Datteln ohne Stein, 130 g getrocknete Aprikosen**, den Abrieb **von 1 Bio-Zitrone** und **1 TL Matchapulver** (optional) zufügen und so lange mixen, bis eine klebrige Masse entsteht. Zu Kugeln formen und in **Kokosraspeln** wälzen.

SOMMER

Kirschen + Vanille + Sesam

Wie im Rezept beschrieben aus **Mandeln, getrockneten Sauerkirschen, Vanille** und **1 TL Açaipulver** eine klebrige Masse herstellen. In den Händen zu Kugeln rollen, in **Sesamsamen** wälzen und im Kühlschrank aufbewahren.

HERBST

Apfel + Zimt + Hanf

35 g Cashewkerne und **40 g Mandeln** im Mixer grob mahlen. **Zimt, 1 TL Zitronensaft, 2 Datteln ohne Stein** und **130 g Apfelringe** (keine Apfelchips) zufügen und so lange mixen, bis eine klebrige Masse entsteht. Zu Kugeln rollen und in **Hanfsamen** wälzen.

WINTER

Haselnüsse + Kakao + Mandarine

5 EL Kokosraspel und **Haselnüsse** (insgesamt 75 g) grob zerkleinern. Mit **1 EL Kakao, 1 TL Macapulver** (optional), **Abrieb von 1 Bio-Mandarine, 1 TL Mandarinensaft, 1 EL Bananenchips** und **2 Datteln ohne Stein** mixen und wie im Rezept beschrieben zu Kugeln rollen. Die Bliss Balls in **gepufftem Amaranth** wälzen.

Powerriegel

Die Powerriegel sind im Prinzip ein verspätetes Frühstück für unterwegs. Aber auch bei einem Nachmittagstief liefern sie zuverlässig Energie.

FÜR 8 STÜCK

1 EL Chiasamen

85 g Haferflocken

40 g Dinkelvollkornmehl

50 g Mandelmehl

55 g Kokosblütenzucker

½ TL Weinsteinbackpulver

½ TL Meersalz

70 g Kokosöl

25 g Süßungsmittel nach Wahl

1 EL Milch nach Wahl

Abrieb von 1 Bio-Zitrusfrucht nach Wahl

8–10 EL Chia-Marmelade
(Rezept siehe Seite 228)

1–2 EL Samen, Kerne und Nüsse nach Wahl

Die Chiasamen in einem Glas mit 4 EL warmem Wasser mischen und für mindestens 20 Minuten quellen lassen. Den Ofen auf 175 °C vorheizen.

In einer großen Schüssel Haferflocken, Dinkelmehl, Mandelmehl, Kokosblütenzucker, Backpulver und Meersalz vermengen. Das Kokosöl in einem kleinen Topf bei niedriger Hitze zerlassen. Mit Süßungsmittel, Milch, Chia-Gel und nach Belieben mit Zitrusabrieb verrühren. Die Mischung zu den trockenen Zutaten geben und gründlich vermengen.

Ein Backblech mit Backpapier auslegen und zwei Drittel der Mischung darauf verteilen. Mit den Händen flach drücken. Die Chia-Marmelade mit einem Löffel darauf verstreichen, die restliche Hafermischung darüber verteilen und festdrücken. Samen und Kerne darüberstreuen und im Ofen 30 Minuten oder so lange backen, bis die Ecken leicht gebräunt sind. Abkühlen lassen und in Riegel schneiden.

SÜSSUNGSMITTEL: Ahornsirup, Reissirup, Dattelsirup, Honig

MILCH: Nussmilch, Hafermilch, Reismilch, Kokosmilch

ZITRUSFRÜCHTE: Orangen, Limetten, Zitronen

SAMEN, KERNE UND NÜSSE: Chiasamen, Hanfsamen, Sesamsamen, Leinsamen, Flohsamenschalen, Sonnenblumenkerne, Pinienkerne, Kürbiskerne, Mandeln, Haselnüsse, Cashewkerne, Macadamianüsse, Walnüsse

Die Powerriegel können in einer verschlossenen Dose im Kühlschrank aufbewahrt werden.

FRÜHLING

Erdbeeren + Zitrone + Mandeln

Die Powerriegel mit **Erdbeermarmelade** zubereiten, dabei unter die warme Kokosölmischung den **Abrieb von 1 Bio-Zitrone** rühren. Vor dem Backen mit **1 EL gehackten Mandeln** bestreuen.

SOMMER

Stachelbeeren + Vanille + Macadamia

Die Riegel wie im Rezept beschrieben mit **Stachelbeermarmelade** zubereiten, dabei das **Mark von ½ Vanilleschote** unter die warme Kokosölmischung rühren. **2 EL Macadamianüsse** hacken und die Riegel vor dem Backen damit bestreuen.

HERBST

Brombeeren + Kokos + Pistazien

Die Powerriegel mit **Brombeermarmelade** zubereiten. **1 EL Pistazien** hacken, mit **1 EL Kokosflocken** mischen und die Riegel vor dem Backen damit bestreuen.

WINTER

Birne + Rosinen + Haselnüsse

2 EL Rosinen für mindestens 1 Stunde in Wasser oder **etwas Fruchtsaft** einweichen. Die Hafer-Kokosöl-Mischung wie beschrieben zubereiten, dabei **Zimt** sowie die eingeweichten Rosinen untermischen. Auf ein Backblech geben, flach drücken und mit **Birnenmarmelade** bestreichen. **1 EL Haselnüsse** hacken, mit **1 EL Sesamsamen** mischen und die Riegel vor dem Backen damit bestreuen.

Hirseschnitten

Die Hirseschnitten schmecken noch warm aus dem Ofen genauso wunderbar wie etwas abgekühlt am nächsten Tag. Am liebsten serviere ich sie mit Griechischem Joghurt oder geschlagener Sahne.

FÜR 6–8 STÜCK

150 g Hirse

½ Vanilleschote

1 Kardamomkapsel

1 Zimtstange

320 ml Milch nach Wahl

1 TL zerlassenes Kokosöl
+ etwas für die Form

100 g Nüsse nach Wahl

4 EL Süßungsmittel nach Wahl

150 g Obst nach Wahl

1 TL Zitronensaft

1 Prise Meersalz

Die Hirse heiß waschen und in einer Schüssel in reichlich Wasser 1–2 Stunden einweichen. Die Vanilleschote längs aufschneiden und das Mark herauskratzen. Die Kardamomkapsel zerdrücken und zusammen mit Vanillemark- und schote, Zimtstange und Milch in eine zweite Schüssel geben, verrühren und 1–2 Stunden ziehen lassen.

Den Backofen auf 180 °C vorheizen. Eine Auflaufform einfetten. Die Nüsse fein hacken, mit Kokosöl und 1 EL Süßungsmittel mischen und beiseitestellen. Das Obst putzen, wenn nötig klein würfeln und mit Zitronensaft mischen.

Die Hirse abgießen, abspülen und in einem Sieb abtropfen lassen. Die Milch abseihen. 160 ml der Gewürzmilch mit ebenso viel Wasser, Meersalz und übrigem Süßungsmittel in einen Topf geben. Die Hirse unterrühren und bei mittlerer Temperatur aufkochen lassen, dabei gelegentlich umrühren. Bei niedriger Temperatur und geschlossenem Deckel 5 Minuten köcheln lassen. Anschließend den Topf vom Herd nehmen und die Hirse zugedeckt 10 Minuten quellen lassen. Die übrige Milch und das Obst unterrühren. Die Masse in die vorbereitete Form füllen und glatt streichen. Die Nussmischung darauf verteilen und alles 20 Minuten im Ofen backen. Sollten die Nüsse zu sehr bräunen, mit Backpapier abdecken. Aus dem Ofen nehmen, etwas abkühlen lassen und in Rechtecke schneiden.

MILCH: Kuhmilch, Ziegenmilch, Nussmilch, Hafermilch, Reismilch, Kokosmilch

NÜSSE: Cashewkerne, Macadamianüsse, Mandeln, Haselnüsse, Pekannüsse, Pistazien, Walnüsse

SÜSSUNGSMITTEL: Ahornsirup, Dattelsirup, Reissirup, Honig

OBST: Birnen, Äpfel, Aprikosen, Pfirsiche, Quitten, Pflaumen, Kirschen, Blaubeeren

FRÜHLING

Apfel + Kokos + Mandeln

Die Hirseschnitten mit **80 g Mandeln** und **2 EL Kokosflocken, Honig** und **Äpfeln** zubereiten und wie im Rezept beschrieben fertigstellen.

SOMMER

Beeren + Zitrone + Macadamia

Die Hirseschnitten wie im Rezept beschrieben mit **Macadamianüssen, Reissirup** und **Blaubeeren** zubereiten, dabei unter die gekochte Hirse zusätzlich den **Abrieb von 1 Bio-Zitrone** rühren. **500 g Erdbeeren** putzen, mit **1–2 EL Reissirup** pürieren und zu den fertig gebackenen Hirseschnitten servieren.

HERBST

Pflaumen + Haselnüsse + Zimtsahne

Die Hirseschnitten wie im Rezept beschrieben mit **Pflaumen, Ahornsirup** und **Haselnüssen** zubereiten. **200 ml Sahne** mit **½ TL Zimt** und **1 TL Reissirup** mit den Quirlen des Handrührgeräts halbsteif schlagen. Zu den fertigen Hirseschnitten servieren.

WINTER

Birne + Rosinen + Walnüsse

Während die Hirse einweicht und die Gewürzmilch zieht, **2–3 EL Rosinen** in **etwas Fruchtsaft** oder Wasser einweichen. Die Hirseschnitten mit **Birnen,** den eingeweichten Rosinen, **Ahornsirup** und **Walnüssen** zubereiten.

Entspannungsmeditation

Es ist hilfreich, kurz vor einer Meditation spazieren zu gehen. Wenn die Sonne scheint, meditiere ich dann sogar im Grünen. Manchmal reicht es schon, mit geschlossenen Augen die warmen Strahlen auf dem Gesicht zu spüren.

KOMME IN EINEN FÜR DICH bequemen, aufrechten Sitz. Lege deine Hände in den Schoß oder entspannt auf den Knien ab. Mache dir bewusst, dass diese Entspannung keine weitere Aufgabe ist, die es gilt abzuarbeiten. Du machst das wirklich nur für dich.

Atme tief und ruhig ein und aus. Entspanne dein Gesicht, die Stirn, die Wangen, deine Augen und deinen Kiefer. Lasse deine rechte Schulter fallen und entspanne deinen ganzen rechten Arm und deine rechte Hand. Lasse deine linke Schulter fallen und entspanne deinen ganzen linken Arm und deine linke Hand. Deine Kehle ist ganz weich und der Bauch locker. Lasse jetzt deine rechte Leiste los und entspanne dein ganzes rechtes Bein und den rechten Fuß. Dann lasse deine linke Leiste los und entspanne dein ganzes linkes Bein und den linken Fuß.

Erlaube deinem Atem, ganz frei zu fließen, und versuche nicht, ihn zu steuern oder zu beeinflussen. Erlaube auch deinen Gedanken, frei zu fließen. Beobachte sie, ohne Einfluss nehmen zu wollen. Versuche nach der Meditation, diesen Kontakt zu dir nicht zu verlieren. Je besser du in Verbindung mit deinem Körper und dir selbst bist, umso leichter wird es dir fallen, auf das Äußere entspannt zu reagieren.

Atme tief durch
und tanke Kraft.

Bauchatmung

Oft wollen wir alles auf einmal machen. Wenn du den Eindruck hast, den Überblick zu verlieren, gehe einfach für ein Viertelstündchen an die frische Luft, atme tief durch und tanke Kraft.

AM ANFANG IST ES leichter, im Sitzen oder auf dem Rücken liegend zu üben. Wenn du mit dieser Atemtechnik besser vertraut bist, lässt sie sich problemlos in deinen Alltag integrieren.

Lege deine Hände flach auf den Bauch und atme zunächst ruhig ein und aus. Vertiefe deine Atmung und spüre, wie sich dein Bauch dabei hebt und wieder senkt. Wiederhole das einige Atemzüge.

Lege jetzt die Hände seitlich an deine oberen Rippen und atme erst in den Bauch und dann in den Brustkorb ein, sodass er sich unter deinen Händen deutlich weitet. Atme so einige Male und wandere dann mit den Händen weiter zu deinen Schlüsselbeinen. Atme jetzt erst in den Bauchraum und dann von unten nach oben bis zum Dekolleté, sodass sich der ganze Brustkorb weitet und sich deine Schlüsselbeine und Schultern dabei leicht heben.

Atme dann von oben nach unten aus. Lasse erst die Schultern sinken, dann den Brustkorb und zuletzt den Bauch flach werden.

Für die nächsten Runden kannst du deine Hände auf dem Bauch lassen und sie später bequem auf dem Boden (wenn du liegst) oder auf den Knien ablegen. Um die Übung zu beenden, komme wieder zu deiner natürlichen Atmung zurück und spüre noch für einen Moment nach.

Der Drehsitz

Der Drehsitz ist in jeder Hinsicht harmonisierend. Er verbindet deine beiden Körperhälften miteinander sowie dein Becken über die Wirbelsäule mit dem Kopf. So findest du leichter dein inneres Gleichgewicht.

ZU BEGINN setze dich mit ausgestreckten Beinen und geradem Rücken auf den Boden. Falls sich dein unterer Rücken noch rund anfühlt, setze dich etwas erhöht auf eine gefaltete Decke, ein Buch oder ein Kissen. Aktiviere jetzt dein linkes Bein, indem du die Zehen des linken Fußes zu dir ziehst und die Ferse nach vorne schiebst, die Oberschenkelrückseite drückt fest in den Boden. Stelle jetzt den rechten Fuß an die Außenseite des linken Knies und achte darauf, dass die gesamte Fußsohle guten Kontakt mit dem Boden hat.

MIT DER EINATMUNG richte deine Wirbelsäule auf, ziehe dich ganz lang nach oben und strecke deinen linken Arm zum Himmel. In der Ausatmung drehe deinen Oberkörper nach rechts und umfasse mit dem linken Arm dein rechtes Knie.

DIE RECHTE HAND ist hinter deinem Kreuzbein aufgestellt. Du kannst deine Fingerspitzen oder die ganze Handfläche in den Boden drücken, um dich noch besser aufzurichten. Beuge dabei den rechten Arm etwas, damit deine Schulter nicht nach oben zieht. Dein Blick geht über die rechte Schulter und das Kinn zieht leicht zur Brust.

MIT DER EINATMUNG richte deine Wirbelsäule immer wieder auf und erde deine beiden Sitzhöcker. Mit der Ausatmung umfasse das aufgestellte Knie etwas fester und verstärke dadurch die Drehung. Bleibe hier fünf bis zehn Atemzüge.

LÖSE DICH aus der Haltung, indem du die Arme mit der Einatmung wieder zur Mitte nimmst. Dann drehe dich mit der Ausatmung leicht zur linken Seite, um die Wirbelsäule zu neutralisieren.

Bevor du die andere Körperseite übst, stelle beide Füße auf, lege deine Arme um die Beine und lasse die Stirn auf die Knie sinken. Spüre in dieser kurzen Pause nach, wie sich dein Rücken jetzt anfühlt.

A

B

Asanas

Die folgende Yogaeinheit wirkt besonders belebend und aufmunternd. Die darin enthaltenen Rückbeugen öffnen deine Körpervorderseite, sodass Atem und Energie wieder ungehindert fließen können. Um Beschwerden zu vermeiden, solltest du bei Rückbeugen unbedingt achtsam und nicht leistungsorientiert üben. Wenn sich der untere Rücken gestaucht anfühlt oder schmerzt, solltest du die Haltung sanfter praktizieren oder aus ihr herausgehen.

BEGINNE IN EINER VARIANTE vom Schmetterling im Liegen. → **A** Setze dich auf deine Matte und stelle die Füße auf. Wenn du noch nicht so lange Yoga übst, rolle eine Decke fest zusammen und lege sie längs so nah an dein Gesäß, dass du dich mit der gesamten Wirbelsäule und dem Kopf darauf ablegen kannst. Falls sich dein Nacken überstreckt oder angespannt anfühlt, lege dir ein kleines Kissen unter den Kopf. Lasse jetzt beide Knie nach außen fallen und winkle deine Beine so an, dass sich die Fußsohlen berühren. Wenn dir die Dehnung in den Leisten zu stark ist und die Knie nicht entspannt zur Seite fallen können, stütze die Knie beziehungsweise die Oberschenkel mithilfe von Kissen.

LEGE NUN DIE HÄNDE auf den unteren Bauch und spüre, wie sich dieser mit der Atmung hebt und senkt. Bleibe in dieser entspannenden Haltung so lange, wie es dir guttut. Bringe dann mit der Einatmung die Knie wieder zusammen und rolle dich auf deine rechte Seite. Lege dich mit ausgestreckten Beinen auf den Rücken und spüre kurz nach.

KOMME ÜBER DIE SEITEN in den Vierfüßlerstand und von hier aus in den knienden Hund. → **B**

MIT DER HÜFTE SENKRECHT ÜBER DEN KNIEN wanderst du mit deinen Händen nach vorne und streckst deine Arme. Lege die Stirn ab, drücke mit den Händen in den Boden und lasse deinen Brustkorb sinken. Spüre die Rückbeuge in deiner Brustwirbelsäule und den Schultern. Bleibe zehn Atemzüge in dieser Asana, laufe dann mit den Händen zurück in den Vierfüßlerstand.

STRECKE DAS RECHTE BEIN nach hinten aus, bringe dann den rechten Fuß sanft nach vorne zwischen deine Hände und komme in den tiefen

Ausfallschritt. Das hintere Knie berührt den Boden, die Zehen bleiben aufgestellt.

KOMME EINATMEND mit dem Oberkörper nach oben, lege die Hände auf dem vorderen Knie ab und lasse mit der Ausatmung dein Becken noch tiefer sinken. Hebe dein Brustbein und schiebe den hinteren Fußballen in die Erde. Deine Schulterblätter kannst du sanft zusammenziehen, hebe deinen Blick. → **C** Bleibe hier fünf Atemzüge und komme mit der Ausatmung zurück in den Vierfüßlerstand. Wiederhole die Asana auf der anderen Körperseite.

KOMME VOM VIERFÜSSLERSTAND in die Bauchlage. Die Stirn kannst du auf dem Boden ablegen. Strecke die Arme entlang des Oberkörpers nach hinten, die Handflächen zeigen zum Körper. Aktiviere deine Beine, indem du mit deinen Fußrücken in den Boden drückst. Auch dein Schambein schiebt in den Boden, der Nabel zieht leicht zur Wirbelsäule.

HEBE EINATMEND Kopf, Oberkörper und Beine. Die Schulterblätter ziehen nach unten, indem du deine Fingerspitzen in Richtung Füße streckst. In dieser Variante der Heuschrecke → **D** geht es nicht darum, den Oberkörper möglichst weit nach oben zu heben, sondern darum, Länge zu gewinnen. Halte die Position fünf bis zehn Atemzüge und lege dich dann mit der Ausatmung ab. Du kannst die Hände unter die Stirn legen und dein Becken leicht von links nach rechts schaukeln. Wiederhole die Übung insgesamt dreimal.

SCHIEBE DICH AUS DER BAUCHLAGE über die Knie zurück in den Fersensitz. Halte die Knie zusammen, währen deine Unterschenkel und Füße nach außen ziehen. Die Fußrücken liegen am Boden und die Fußaußenkanten kippen leicht nach außen. Stütze dich mit den Händen leicht auf den Unterschenkeln ab und setze dich behutsam zwischen deine Füße. Achte darauf, dass du nicht auf deinen Fersen sitzt! Falls du zu viel Druck auf deinen Fußrücken oder Knien spürst, nimm ein Kissen oder eine gefaltete Decke und setze dich leicht erhöht ab. Die Hände kannst du auf den Oberschenkeln ruhen lassen, deine Schultern fallen locker und entspannt nach unten. Der Heldensitz → **E** verbessert die Durchblutung der Beine und Füße, außerdem verleiht er Mut, Kraft und Stärke.

Nach einigen Atemzügen komme achtsam aus der Haltung in den Vierfüßlerstand und strecke die Beine abwechselnd nach hinten aus.

C

D

E

F

G

H

KOMME FÜR DAS KAMEL (Variante) → **F** in den Kniestand. Die Füße sind aufgestellt und die Knie stehen hüftbreit. Lasse die Schultern sinken, lege die Hände flach auf den unteren Rücken. Hebe zuerst dein Brustbein und komme erst dann in die Rückbeuge. Dein Becken bleibt senkrecht über den Knien. Aktiviere deine Beine, indem du sie wie gegen einen Widerstand leicht nach innen ziehst, um deinen unteren Rücken zu schützen. Wenn es für deinen Nacken angenehm ist, richte den Blick zur Decke. Öffne deinen Brustkorb. Ziehe nach ca. 30 Sekunden zunächst dein Kinn Richtung Brust und komme dann in den Fersensitz. Bleibe hier einen Moment, setze den Po dann zur Seite ab und strecke deine Beine nach vorne aus.

ZUM ABSCHLUSS wird durch die Vorbeuge im Sitzen deine gesamte Körperrückseite gedehnt, der Bauch kann dabei entspannen und die Verdauung wird angeregt. Richte deinen Rücken gerade auf, die Beine sind weiterhin nach vorne ausgestreckt.

ZIEHE DIE ZEHEN ZU DIR, drücke die Oberschenkelrückseiten in den Boden und schiebe deine Fersen weg von dir. Bringe mit der Einatmung die Arme über die Seiten nach oben, ziehe deine Wirbelsäule ganz lang. → **G** Mit der Ausatmung beuge dich aus der Hüfte heraus mit geradem Rücken nach vorne. Halte bei der halben Vorwärtsbeuge die Länge in der Wirbelsäule und setze deine Hände dort ab, wo es für dich möglich ist. Dein Kopf bleibt in Verlängerung der Wirbelsäule, die Schultern ziehen nicht nach oben. Mit jeder Einatmung weitet sich dein Brustkorb und dein Rücken wird länger. Mit jeder Ausatmung beuge dich noch etwas tiefer über deine Beine. Der Bauch ist locker, die Atmung fließt natürlich. → **H** Bleibe hier zehn bis zwanzig Atemzüge.

MIT DER EINATMUNG komme langsam nach oben. Wenn du Zeit hast, finde noch kurz in einen bequemen Sitz, schließe die Augen und lasse die Praxis nachwirken.

los-lassen

Essen ist mehr als nur Ernährung. Ist das nicht großartig? Essen macht satt und manchmal sogar glücklich. Oft freue ich mich schon den ganzen Tag auf das, was ich abends essen werde. Gerade bei Mahlzeiten, die man besonders mag, lohnt es sich, dafür einen Moment der Ruhe einzuplanen. Du kannst dich dann fragen: Wie sieht mein Essen aus? Wer hat es gekocht? Wie schmeckt der erste Bissen? Und wie der zweite? Es ist völlig in Ordnung, wenn deine Aufmerksamkeit dann weiterzieht. Zu deinen Gedanken oder zu deinem Gegenüber. Denn auch beim bewussten Essen ist es schön, loslassen zu können. Auf den nächsten Seiten findest du Rezepte, die du sowohl für dich alleine als auch für viele zubereiten kannst.

Mir gefällt so vieles am Kochen.

Die Planung, das Einkaufen, das ruhige Sortieren der Lebensmittel, das Abschmecken ... Ich könnte die Liste stundenlang fortführen und hätte den wichtigsten Punkt noch gar nicht genannt.

Am liebsten mag ich am Kochen, dass es verbindet. Dass es mich denen näherbringt, für die ich koche. Sei es Familie, Freunde, mich selbst oder sogar Fremde – Kochen und Essen sind eine Brücke, die mich zu anderen führt. Weil es für mich nichts Schöneres gibt, als gemeinsam an einem großen oder noch lieber an einem kleinen Tisch zu sitzen. Dort zu essen, über das Essen zu reden, über anderes zu reden, zu schweigen und einfach beisammen zu sein und zu genießen. Genau das ist es, was mich zufrieden macht.

Ofengemüse

Wenig Vorbereitung und etwas Geduld, während das Gemüse im Ofen gart. Mehr braucht es nicht für ein Blech voller Geschmack. Ich serviere dazu gerne frisch zubereiteten Kräuterquark oder Joghurt.

FÜR 2 PORTIONEN

3–4 Handvoll Gemüse nach Wahl

2–4 EL Öl nach Wahl

Meersalz

Frisch gemahlener schwarzer Pfeffer

1–2 TL gemahlene Gewürze (optional)

Einige Stängel Kräuter (optional)

Den Backofen je nach Gemüse auf 180–220 °C vorheizen. Das Gemüse putzen und klein schneiden. Das Öl kräftig mit Meersalz und Pfeffer würzen. Nach Belieben mit Gewürzen und klein gehackten Kräutern mischen. Das Gemüse darin schwenken, auf einem mit Backpapier ausgelegten Blech verteilen und im Ofen je nach Gemüse in 20–40 Minuten garen.

GEMÜSE (die angegebenen Zeiten sind Richtwerte und variieren je nach Größe):

Blanchierter Spargel: 6–8 Minuten bei 220 °C

Datteltomaten: 20 Minuten bei 200 °C

Blumenkohl: 20 Minuten bei 220 °C

Rote Bete, Kürbis: 25–30 Minuten bei 180 °C

Aubergine: 20–30 Minuten bei 220 °C

Zwiebel, Knollensellerie, Pastinake, Süßkartoffel, Kartoffel, Möhre, Petersilienwurzel: 30–40 Minuten bei 200 °C

ÖL: Kokosöl, Olivenöl, Rapsöl

GEWÜRZE: Zimt, Currypulver, geräuchertes Paprikapulver, Cayennepfeffer, Sumach, Zatar, Dukkah, Kreuzkümmel

KRÄUTER: Thymian, Majoran, Rosmarin, Oregano, Salbei

FRÜHLING

Grüner Spargel + Mascarpone + Parmesan

Den Backofen auf 220 °C vorheizen. **70 g Parmesan** reiben, 2 EL beiseitestellen, den Rest mit **250 g Mascarpone** und **2 EL Zitronensaft** verrühren. **20 Stangen grünen Spargel** putzen und 4 Minuten in kochendem Salzwasser blanchieren. Abtropfen lassen, etwas trocken tupfen und auf ein Blech geben. Mit der Mascarponemischung übergießen, mit **frisch gemahlenem schwarzen Pfeffer** und dem übrigen Parmesan bestreuen. Im Ofen 6–8 Minuten backen, bis der Mascarpone goldbraune Blasen wirft.

Mit **Quinoa** (Rezept siehe Seite 220) servieren.

SOMMER

Aubergine + Miso + Chili

Den Backofen auf 220 °C vorheizen. **1 kleine Chilischote** und **½ Knoblauchzehe** fein hacken und in einer Schüssel mit **4 EL weißer Misopaste, 2 EL Mirin, 2 EL Honig, 1 TL Tamarisoße** und **1 EL heißem Wasser** verrühren. **2 große Auberginen** längs halbieren. Die Schnittflächen kreuzförmig einschneiden, ohne dabei die Haut zu verletzen. Von beiden Seiten mit **1–2 EL zerlassenem Kokosöl** bepinseln. Die Auberginen mit der Schnittfläche nach unten auf der oberen Schiene des Ofens backen, nach 5 Minuten wenden und für weitere 5 Minuten garen. Aus dem Ofen nehmen, die Schnittflächen der Auberginen mit der Gewürzmischung bestreichen und weitere 15–20 Minuten auf der mittleren Schiene backen, bis die Auberginen weich sind.

HERBST

Blumenkohl + Curry + Avocado

Den Backofen auf 220 °C vorheizen. **2 kleine Köpfe Blumenkohl** in Röschen zerteilen. **2 EL Kokosöl** zerlassen, mit **1 TL Currypulver** und **½ TL Meersalz** mischen. Die Röschen mit dem Würzöl vermengen, auf ein Backblech geben und 20 Minuten im Ofen rösten, bis der Blumenkohl goldbraun und etwas knusprig ist. **1 Avocado** halbieren und entkernen, das Fruchtfleisch mit einem Löffel herauskratzen und mit einer Gabel zerdrücken. Mit dem **Saft von 1 Limette** vermengen, **einige Korianderblättchen** fein hacken und untermischen. Mit **Meersalz** abschmecken und zum Gemüse servieren.

WINTER

Wurzelgemüse + Walnüsse + Feta

Den Backofen auf 200 °C vorheizen. **1 rote Zwiebel, 1 Möhre, 2 Rote Beten, 1 kleinen Knollensellerie, 1 Pastinake** und **2 Süßkartoffeln** schälen und in Spalten schneiden. Auf ein Backblech geben, mit **Meersalz** und **schwarzem Pfeffer** würzen und mit **Olivenöl** beträufeln. 30 Minuten im Ofen backen, dabei mehrmals wenden. Das Gemüse herausnehmen, die Temperatur auf 180 °C reduzieren und **2 EL Walnüsse** ca. 7 Minuten im Ofen rösten. Für das Dressing **1 EL Apfelessig, 2 EL Olivenöl, 1 TL Honig, 1 TL Senf** und **1 TL Zitronensaft** miteinander verrühren. **1 Bund Petersilie** fein hacken, **100 g Feta** zerbröseln. Das Gemüse in einer Schüssel mit dem Dressing vermengen und mit Petersilie und Feta garnieren.

Polenta

Das funktioniert jedes Mal: Nach einer Schüssel samtiger Polenta fühle ich mich sofort wohlig gemütlich.

FÜR 4 PORTIONEN

900 ml Kuhmilch
(alternativ Gemüsebrühe)

1 große Prise Meersalz

1 Prise frisch geriebene Muskatnuss

220 g Maisgrieß

50–100 g Parmesan

30 g Butter

ca. 2 EL Dinkelvollkornmehl (optional)

Etwas Öl nach Wahl (optional)

Die Milch mit 600 ml Wasser, Meersalz und Muskatnuss in einem Topf bei hoher Temperatur aufkochen lassen. Die Hitze reduzieren, den Grieß einrieseln lassen und mit einem Schneebesen verrühren. Die Polenta ca. 10 Minuten bei niedriger Temperatur garen, dabei immer wieder umrühren. Parmesan reiben und zusammen mit der Butter unterziehen. Die Polenta sofort servieren oder aber auf ein Backblech streichen, abkühlen lassen und in Rauten schneiden. Die Schnitten nach Belieben in Dinkelvollkornmehl wenden und beidseitig in etwas Öl anbraten.

FRÜHLING

Spinat + Ei + Kurkuma

Die Polenta wie im Rezept beschrieben zubereiten. In einem zweiten kleinen Topf Wasser zum Kochen bringen, **4 Eier** darin in 5–7 Minuten garen, anschließend abschrecken, pellen und vierteln. **1 EL Sesamsamen** in einer Pfanne ohne Fett goldbraun rösten, abkühlen lassen. In einem Schälchen **1 EL Meersalzflocken, 1 TL gemahlenen Kreuzkümmel, 1 TL Sumach, ½ TL Kurkuma** und den Sesam mischen. Die Polenta auf vier Schüsseln verteilen, **4 Handvoll jungen Spinat** klein zupfen und mit den Eiern darauf verteilen. Mit **etwas Olivenöl** beträufeln und mit der Gewürzmischung bestreut servieren.

SOMMER

Tomate + Feta + Minze

Gebratene Polentaschnitten wie im Grundrezept beschrieben zubereiten. **4 Handvoll wilde Tomaten** klein schneiden und in eine Schüssel füllen. **100 g Feta** zerbröseln und zugeben. Mit **1–2 EL Zitronensaft, 3 EL Olivenöl, 1 Prise Meersalz** und **frisch gemahlenem schwarzen Pfeffer** abschmecken. Die Polentaschnitten auf Teller verteilen, die Tomatensalsa darübergeben und mit **einigen Minzeblättchen** garnieren.

HERBST

Rösttomate + Knoblauch + Basilikum

Den Backofen auf 200 °C vorheizen. **4–8 Rispen Kirschtomaten** vorsichtig putzen (die Tomaten sollten nicht von den Rispen fallen) und in eine Auflaufform geben. Mit **1 TL Olivenöl** beträufeln und mit **1 TL Rohrohrzucker, 1 Prise Meersalz** und **frisch gemahlenem schwarzen Pfeffer** bestreuen. **8 ungeschälte Knoblauchzehen** zugeben und ca. 20 Minuten im Ofen rösten. Währenddessen die Polenta nach Rezept zubereiten und auf vier Teller verteilen. Den weichen Knoblauch aus den Schalen drücken und zusammen mit den Tomaten auf die Polenta geben. Mit **einigen Basilikumblättchen** garnieren und mit **etwas Olivenöl** oder **Pesto** (Rezept siehe Seite 223) beträufelt servieren.

WINTER

Rote Bete + Thymian + karamellisierte Zwiebeln

Den Backofen auf 200 °C vorheizen. **2–4 Rote Beten** schälen. Mit **3 Zweigen Thymian** in eine Auflaufform legen. **50 ml Olivenöl, 50 ml milden Apfelessig, 2 EL Honig** und **1 Prise Meersalz** verrühren und über die Rote Bete gießen. Mit Backpapier abdecken und, je nach Größe der Knollen, in 60–90 Minuten garen. **2 große Zwiebeln** schälen und in 2 cm dicke Scheiben schneiden. **2 EL Butter** mit **2 EL Olivenöl** in einer großen Pfanne zerlassen. Die Zwiebeln darin möglichst nebeneinander 5 Minuten andünsten. **125 ml Apfelessig** mit **2 EL Honig** mischen und zugießen. Die Temperatur reduzieren und alles bei geschlossenem Deckel ca. 35 Minuten, oder bis die Zwiebeln goldbraun sind, einkochen lassen. In der Zwischenzeit die Polenta wie beschrieben zubereiten. Auf Teller verteilen, mit karamellisierten Zwiebeln und jeweils 1 geviertelten Roten Bete servieren. Nach Belieben mit **je 1 Zweig Thymian** garnieren.

Blattsalat

Salat geht immer – ob alleine oder als Begleiter eines Gerichts. Meistens plane ich im Voraus nur das Dressing und kaufe das Grün, das am frischesten aussieht.

FÜR 2 PORTIONEN

4–6 Handvoll Pflanzengrün oder
1 Salatkopf

DRESSING

60 ml Essig oder Zitrussaft nach Wahl
90 ml Öl nach Wahl
1 TL Süßungsmittel nach Wahl (optional)
½ TL Meersalz

Für das Dressing alle Zutaten gründlich verrühren. Von Kopfsalat die äußeren Blätter entfernen und den Strunk keilförmig herausschneiden. Pflücksalat verlesen und welke Blätter entfernen. Die Salatblätter in kaltem Wasser gründlich, aber zügig waschen und trocken schleudern (alternativ mit einem Küchentuch trocknen). In mundgerechte Stücke reißen und mit dem Dressing vermischen. Sofort servieren.

PFLANZENGRÜN: Babyspinat, Brunnenkresse, Bataviasalat, Chicorée, Chinakohl, Eichblattsalat, Eisbergsalat, Endiviensalat, Feldsalat, Kopfsalat, Lollo rosso, Löwenzahn, Radicchio, Rucola, Romanasalat

ESSIG UND ZITRUSSAFT: Apfelessig, Reisessig, Zitronensaft, Limettensaft, Grapefruitsaft

ÖL: Olivenöl, Sonnenblumenöl, Rapsöl, Traubenkernöl, Walnussöl, Kürbiskernöl

SÜSSUNGSMITTEL: Honig, Reissirup, Ahornsirup, Fruchtsirup

FRÜHLING

Eichblattsalat + Avocado + Kräuterdressing

2 Eier in 7 Minuten in einem kleinen Topf garen, anschließend pellen und vierteln. Für das Dressing **1 Frühlingszwiebel** fein hacken, zusammen mit **½ Avocado**, **60 ml Zitronensaft**, **60 ml Olivenöl**, **2–3 Stängeln Basilikum**, **¼ Bund Schnittlauch**, **1 Stängel Estragon**, **5 Stängeln Koriander**, **5 Stängeln Petersilie**, **1 TL Honig**, **½ TL Meersalz** und **frisch gemahlenem schwarzen Pfeffer** in einen Hochleistungsmixer geben und fein pürieren. Eventuell esslöffelweise Wasser zugeben, bis die gewünschte Konsistenz erreicht ist. **1 Eichblattsalat** putzen, in kleine Stücke zupfen, in eine Schüssel geben und mit dem Dressing vermischen. Ei und **1 Handvoll Sonnenblumenkerne** darübergeben.

SOMMER

Kopfsalat + Gurke + Tamaridressing

1 Kopfsalat putzen, in kleine Stücke zupfen und in eine Schüssel geben. **½ Gurke** schälen, in feine Scheiben schneiden und untermengen. Für das Dressing **½ Knoblauchzehe** und **½ Chilischote** (optional) fein hacken. Mit **60 ml Limettensaft**, **60 ml Olivenöl**, **2 EL Tamarisoße** und **1 TL Honig** verrühren. Mit **Meersalz** und **frisch gemahlenem schwarzen Pfeffer** würzen und mit dem Salat vermengen. **1 Handvoll geröstete Erdnüsse** hacken und darüberstreuen.

HERBST

Feldsalat + Sprossen + Kartoffeldressing

4–6 Handvoll Feldsalat putzen und in eine Schüssel geben. **1 kleine Kartoffel** weich kochen, pellen und mit einer Gabel zerdrücken. Mit **2 EL Apfelessig**, **3 EL Olivenöl**, **2 EL Joghurt**, **1 TL Senf**, **1 TL Honig** und **1 TL frisch geriebenem Meerrettich** (optional) vermischen. **1 Knoblauchzehe** dazupressen. Mit **Meersalz** und **frisch gemahlenem schwarzen Pfeffer** abschmecken. Nach Belieben mit **Gemüsebrühe** (Rezept siehe Seite 108) oder Wasser verdünnen. Mit dem Feldsalat vermengen. Mit **1 Handvoll Sprossen** und **1 Handvoll Walnüssen** bestreut servieren.

WINTER

Endiviensalat + Birne + Buttermilchdressing

1 Endiviensalat putzen und in eine Schüssel geben. **100 ml Buttermilch** mit **Saft und Abrieb von ½ Bio-Zitrone**, **5 Stängeln Petersilie**, **½ TL Meersalz** und **½ TL Reissirup** im Hochleistungsmixer fein pürieren. Mit dem Salat vermischen. **1 Birne** entkernen und in feine Spalten schneiden. Zusammen mit **1 Handvoll Mandeln** über den Salat geben.

Zucchetti

Wenn ich nur ein leichtes Abendessen brauche, aber trotzdem Lust auf eine richtige Mahlzeit habe, mache ich mir Zucchetti mit einer einfachen Soße.

FÜR 1 PORTION

2–3 kleine Zucchini

FÜR DIE SOSSE:

3 EL Olivenöl

1–2 EL Zitronensaft

1 Prise Meersalz

Frisch gemahlener schwarzer Pfeffer

AUSSERDEM:

Einige Stängel Kräuter nach Wahl (optional)

20 g Parmesan (optional)

Für die Soße Olivenöl und Zitronensaft in einer Schüssel verrühren, mit Meersalz und Pfeffer würzen. Zucchini putzen, mit einem Spiralschneider oder Julienneschneider in Spaghettiform bringen und roh untermengen. Wer es roh nicht so gerne mag, kann die Zucchetti im Dampfgarer oder in einer Pfanne mit 3 EL Wasser bei geschlossenem Deckel 2 Minuten dünsten und erst dann zur Soße geben. Nach Belieben mit Kräutern und frisch geriebenem Parmesan bestreuen.

KRÄUTER: Basilikum, Minze, Petersilie, Dill, Koriander, Schnittlauch, Kresse

FRÜHLING

Bärlauch + Zitrone + Ziegenmilchjoghurt

Die Zuchetti wie im Rezept beschrieben herstellen. Statt der Soße aus **Bärlauch, Pecorino, Zitrone** und **Pinienkernen** wie auf Seite 223 beschrieben ein Pesto mixen. Die Zucchetti mit 2–3 EL Pesto vermischen und mit **1 Klecks Ziegenmilchjoghurt** (Rezept siehe Seite 232) servieren.

SOMMER

Halloumi + Tomate + Basilikum

Einige Pinienkerne in einer Pfanne ohne Fett rösten. **2 festfleischige Tomaten** fein hobeln und den Saft dabei auffangen. **65 g Halloumi** in dünne Scheiben schneiden und in einer Grillpfanne ohne Fett bei hoher Temperatur rösten, bis die typischen Grillstreifen zu sehen sind. Die Zucchetti mit der Soße vermischen und mit **1 EL Basilikumpesto** (Rezept siehe Seite 223), Tomate und Halloumi anrichten. Mit **Pinienkernen** bestreuen.

HERBST

Knoblauch + Chili + Pfeffer

1 Knoblauchzehe fein hacken. In einer Pfanne bei mittlerer Temperatur **1 EL Olivenöl** erhitzen und den Knoblauch darin farblos weich dünsten. **¼ TL Chiliflocken** einstreuen und 30 Sekunden ziehen lassen. Anschließend die rohen Zucchetti zugeben und bei geschlossenem Deckel in 2–3 Minuten garen. Mit **Meersalzflocken** und **frisch gemahlenem schwarzen Pfeffer** abschmecken.

WINTER

Saure Sahne + Parmesan + Petersilie

Die Zucchetti wie im Rezept beschrieben zubereiten und mit der Soße vermischen. **3 EL saure Sahne** mit **3 EL frisch geriebenem Parmesan** verrühren, kräftig mit **Meersalzflocken** und **frisch gemahlenem schwarzen Pfeffer** würzen und ebenfalls untermengen. **1 Handvoll Petersilienblättchen** klein zupfen und die Zucchetti damit garnieren.

Lerne
LOSZULASSEN.
Das ist der Schlüssel
zum Glück.

AUS ASIEN

Fladenbrot

Zusammenzusitzen, Fladenbrote mit all dem zu belegen, was man zu Hause hat – das mag ich am liebsten. Einfach nur mit etwas Butter bestrichen und einer Prise Salz schmecken die einfachen Brote aber ebenso. Außerdem sind sie eine schnelle Beilage zu Suppen, Salaten – ach, eigentlich zu jedem Gericht.

FÜR 10 KLEINE FLADENBROTE

350 g Joghurt nach Wahl
(Rezept siehe Seite 232)

350 g Dinkelvollkornmehl
+ etwas für die Arbeitsfläche

2 TL Weinsteinbackpulver

1 TL Meersalz

Alle Zutaten miteinander vermengen und mit den Händen zu einem klebrigen Teig verkneten. Kurz ruhen lassen. Die Arbeitsfläche bemehlen und mithilfe eines Esslöffels etwas Teig abstechen. Mit bemehlten Händen zu einem flachen Fladen ziehen. Eine Pfanne bei mittlerer Temperatur erhitzen. Den Teigfladen hineingeben und ohne Fett von beiden Seiten in jeweils 2–3 Minuten hellbraun backen. Mit dem restlichen Teig ebenso verfahren.

JOGHURT: Kuhmilchjoghurt, Ziegenmilchjoghurt, Schafsmilchjoghurt

Durch den hohen Joghurtanteil bleiben die Fladen verhältnismäßig weich. Wer es knuspriger mag, zieht die Fladen vor dem Backen hauchdünn.

FRÜHLING
Erbsen + Burrata

Die Fladenbrote nach Rezept zubereiten. Für den Erbsenjoghurt die Blättchen von ½ **Bund Minze,** **100 g Griechischen Joghurt** und **2 Handvoll junge** **Erbsen** im Hochleistungsmixer pürieren. **Ca. 60 g** **Parmesan** reiben, 1 EL beiseitestellen, den Rest unterrühren. Den Erbsenjoghurt mit dem **Saft von** ½ **Zitrone, Meersalz** und **frisch gemahlenem schwar-** **zen Pfeffer** würzen und auf die Fladen verteilen. Ca. **1 kg Burrata** in Stücke zupfen und die Fladen damit belegen. **1 Frühlingszwiebel** in Ringe schneiden. Die Fladen nach Belieben mit **einigen Erbsen,** dem übrigen Parmesan, Frühlingszwiebel, **etwas Olivenöl** und Meersalz garnieren.

SOMMER
Aubergine + Tomate

Den Backofen auf 200 °C vorheizen. **1–2 Auberginen** auf dem Rost des Ofens ca. 1 Stunde backen, bis sie weich sind. Abkühlen lassen, halbieren und das Fruchtfleisch herauslöffeln. **1 Schalotte** und **1 Knoblauchzehe** fein hacken, zusammen mit Auberginenfruchtfleisch, dem **Saft von ½** **Zitrone, 100 g Griechischem Joghurt, 1 EL Olivenöl, 1 EL** **Tomatenmark** (optional), ½ **TL gemahlenem Kreuzküm-** **mel,1 Prise Meersalz** und **frisch gemahlenem schwar-** **zen Pfeffer** verrühren. **2–4 Tomaten** in dünne Scheiben schneiden. Das Auberginenpüree auf den Fladen vertei-len, mit Tomaten belegen und mit **etwas Olivenöl** beträu-feln. **Einige Petersilienblättchen** fein hacken und zusam-men mit **einigen Meersalzflocken** darüberstreuen.

HERBST
Bohnen + Paprika

100 g schwarze Bohnen über Nacht in Wasser ein-weichen. ½ **Zwiebel** und **1 Knoblauchzehe** fein ha-cken und mit den abgegossenen und abgespülten Bohnen in einen Topf geben. Mit frischem Wasser bedecken, ½ **TL Koriandersamen,** ½ **TL Kreuzküm-** **melsamen** und ½ **frische Chilischote** zugeben und die Bohnen in ca. 45 Minuten weich kochen. **1 Spitz-** **paprika** putzen und fein würfeln. **Einige Minzeblätt-** **chen** fein hacken und mit **Saft und Abrieb von** **1 Bio-Limette** vermischen, mit **Meersalz** abschme-cken. Die Bohnen abgießen, dabei einen Teil des Kochwassers aufheben und mitsamt den Gewürzen in einem Hochleistungsmixer pürieren. Mit **Meer-** **salz** und **schwarzem Pfeffer** kräftig abschmecken. Ist die Masse zu fest, mit etwas Kochwasser verdün-nen. Das Bohnenmus auf die Fladenbrote streichen, darauf die Paprika verteilen und mit je **1 TL saurer** **Sahne** und der Minze garnieren.

WINTER
Banane + Mango

100 g weiche Butter mit den Quirlen eines Handrührgeräts schaumig schlagen. ½ **Banane** und ½ **Mango** mithilfe einer Gabel grob zerdrücken. Bananen-Mango-Mus, **1 EL mildes Currypulver,** **1–2 EL Zitronensaft** und **1 TL Meersalz** zur Butter geben und gründlich verrühren. Zu den warmen Fladenbroten servieren.

Crumble

Oft bereite ich die Früchte und den Teig schon morgens vor und stelle beides getrennt voneinander in den Kühlschrank. Vor dem Abendessen verteile ich kurz die Streusel auf dem Obst. Dann muss es nur noch in den Ofen und kann später ganz in Ruhe genossen werden. Wer mag, ersetzt einen Teil der Mandeln durch Haferflocken oder Kokosraspel.

FÜR 4 PORTIONEN

600–800 g Obst nach Wahl

1 TL Zitronensaft

2–5 EL Süßungsmittel nach Wahl

1–2 TL gemahlene Gewürze nach Wahl (optional)

Etwas Fruchtsaft (optional)

CRUMBLE

125 g gemahlene Mandeln

50 g Mandelblättchen

1 Prise frisch geriebene Muskatnuss

1 TL Zimt

Mark von ½ Vanilleschote

1 Prise Meersalz

100 g Kokosöl oder Butter
+ 1 TL für die Form

2–4 EL Süßungsmittel nach Wahl

Das Obst putzen, gegebenenfalls schälen und entkernen, in Stücke schneiden und nach Belieben mit Zitronensaft, Süßungsmittel und Gewürzen mischen. Früchte mit sehr festem Fruchtfleisch wie knackige Äpfel mit 3 EL Wasser oder Fruchtsaft bei geschlossenem Deckel 4–8 Minuten dünsten. Eine Auflaufform fetten und das Obst einfüllen. Den Ofen auf 180 °C vorheizen.

Mandeln, Mandelblättchen, Gewürze und Meersalz in einer Schüssel mischen. Kokosöl oder Butter zusammen mit dem Süßungsmittel in einem kleinen Topf bei niedriger Temperatur zerlassen (Butter nach Belieben leicht bräunen). Mit den trockenen Zutaten verrühren, bis ein bröseliger Teig entsteht. Den Teig nach Möglichkeit 15 Minuten im Tiefkühlfach oder aber etwas länger im Kühlschrank kalt stellen. Die Mischung auf den Früchten verteilen und in 20–30 Minuten, oder bis das Obst köchelt, goldbraun backen.

OBST: Äpfel, Birnen, Rhabarber, Stachelbeeren, Aprikosen, Kirschen, Pfirsiche, Nektarinen, Himbeeren, Brombeeren, Pflaumen

SÜSSUNGSMITTEL: Reissirup, Ahornsirup, Dattelsirup, Honig, Kokosblütenzucker, Rohrohrzucker

GEWÜRZE: Zimt, Kardamom, Ingwer, Vanille, Sternanis, Zitronenabrieb

FRUCHTSAFT: Apfelsaft, Cranberrysaft, Johannisbeersaft, Kirschsaft

FRÜHLING
Rhabarber + Vanille

600 g Rhabarber putzen und schälen. In 2–3 cm lange Stücke schneiden, dickere Stücke halbieren. Zusammen mit **4 EL Rohrohrzucker** und dem **Mark von ½ Vanilleschote** in einen Topf geben und 15 Minuten ziehen lassen. Langsam bei mittlerer Temperatur erhitzen und 3 Minuten unter gelegentlichem Rühren köcheln lassen. In die Auflaufform füllen und den Crumble wie beschrieben zubereiten. Mit **200 g Griechischem Joghurt** servieren.

SOMMER
Pfirsich + Himbeeren

400 g weiße Pfirsiche entkernen und würfeln. Mit **400 g Himbeeren, 1 TL Zitronensaft** und **4 EL Reissirup** vermengen. Die Streuselmasse mit zusätzlich **50 g gehackten Pistazienkernen** und dem **Abrieb von 1 Bio-Zitrone** zubereiten. Das Obst in die Auflaufform füllen und mit den Streuseln bedecken. Wie im Rezept beschrieben backen. **200 ml Sahne** halbsteif schlagen, **Mark von ½ Vanilleschote** unterziehen und zu dem Crumble servieren.

HERBST
Pflaumen + Sternanis

700 g Pflaumen entsteinen, mit **2 EL Cranberrysaft (alternativ Apfelsaft), 4 EL Kokosblütenzucker** und **½ TL gemahlenem Sternanis** vermengen. In die Auflaufform füllen und den Crumble wie im Rezept angegeben zubereiten. **200 g Kokosjoghurt** (Rezept siehe Seite 232) mit **1 EL Kokosblütenzucker** bestäuben und zum warmen Crumble servieren.

WINTER
Birne + Ingwer

600 g Birnen schälen, vom Kerngehäuse befreien und würfeln. Mit **1 Stück Ingwer (2 cm), 1 TL Zitronensaft, 2 EL Apfelsaft** und **3 EL Ahornsirup** in einen Topf geben, erst 15 Minuten ziehen lassen, dann bei mittlerer Temperatur 3 Minuten unter gelegentlichem Rühren köcheln lassen. Ingwer entfernen und das Obst in die vorbereitete Auflaufform füllen. Die Streusel mit zusätzlich **50 g gehackten Haselnüssen** zubereiten und den Crumble wie im Rezept beschrieben fertigstellen.

Kräutertee

Abends vor dem Einschlafen noch eine Tasse Kräutertee zu kochen wirkt beruhigend. Manchmal sogar so sehr, dass ich gar nicht alles austrinke, weil ich vorher schon eingeschlafen bin. Wenn ich nachts aufwache, freue ich mich über den letzten kalten Schluck.

TEE ZUBEREITEN FÜR 1 TASSE

1 gehäufter TL Kräutertee

Die Kräuter in eine Tasse geben und mit sprudelnd kochendem Wasser übergießen. Mindestens 5 Minuten ziehen lassen, dann durch ein feines Sieb abgießen.

KRÄUTER TROCKNEN FÜR 1 GROSSE DOSE

3–4 Handvoll Kräuter nach Wahl

Die Kräuter verlesen, dabei welke oder faule Stellen entfernen. Stiele parallel nebeneinanderlegen, zu kleinen Bündeln fassen und mit einer Schnur zusammenbinden. Den Strauß an einem schattigen und nach Möglichkeit leicht windigen Ort aufhängen. Bei warmen Temperaturen sind die Kräuter nach ca. 10 Tagen getrocknet. Blüten oder Blätter abschneiden und luftdicht verschlossen in einer Dose aufbewahren.

KRÄUTER: Minze, Zitronenmelisse, Salbei, Kamille, Zitronengras, Lavendel, Schafgarbe, Thymian, Brennnessel, Zitronenverbene

Kräuter nicht in der Sonne trocknen, da dort die ätherischen Öle in den Blättern und Stängeln zerstört werden.

Getrocknete Kräuter sind empfindlich. Lagere sie deshalb kühl, trocken und niemals in der Nähe von stark riechenden Lebensmitteln. Besser nur kleine Mengen trocknen und immer wieder neue Mischungen zusammenstellen.

Öffne dein Herz.

Herzmeditation

Wenn es still und dunkel wird, tut es gut, den Tag mit einer Herzmeditation abzuschließen. Dein Herz kann sich dabei nicht nur den dir nahestehenden Menschen öffnen, sondern auch dir selbst. Wir sind oft zu streng und fordernd und eifern einer Idealvorstellung von uns nach, der wir glauben, gerecht werden zu müssen. Spüre in deinem Herz Mitgefühl, Wohlwollen und Sympathie für andere und für dich. Erkenne deine persönlichen Grenzen – das ist Yoga.

DU KANNST DIE MEDITATION sitzend oder liegend auf einer Decke praktizieren oder aber – so wie ich – im Bett. Mache es dir bequem, achte auf eine lange Wirbelsäule und lege die Hände in die Mitte auf deine Brust. Nimm deine Körperwärme durch die Berührung deiner Hände wahr und entspanne deinen Oberkörper. Weite bei der Einatmung deinen Brustkorb, schaffe Raum für dein Herz.

Gehe mit deiner Atmung jetzt immer wieder zu diesem Bereich und lasse zu, dass sich dein Herz weitet und öffnet. Gehe auf deine Empfindungen und tiefen Gefühle ein. Sieh den Atem als heilende Quelle. Schicke ihn mit der Einatmung direkt zu deinem Herzen und empfinde ihn als Mitgefühl, Liebe und Wohlwollen.

Atme aus und lasse dieses Empfinden in deinem ganzen Körper vom Herzen ausgehend verströmen. Bleibe so für ein paar Augenblicke. Wenn du magst, kannst du noch weitergehen und später mit der Ausatmung diese Gefühle um dich herum aussenden. So ist sowohl dein Herz als auch der Raum um dich herum erfüllt von Liebe.

Wechselatmung

Wenn ich mich abends unruhig fühle, ziehe ich mich für ein paar Minuten an einen ruhigen Ort zurück und praktiziere die Wechselatmung. Sie wirkt ausgleichend und beruhigend. Danach habe ich einen klaren Geist, der mit meinem Körper im Einklang ist.

SETZE DICH IM SCHNEIDERSITZ gemütlich auf dein Sofa oder ein Kissen am Boden. Deine Wirbelsäule ist ganz gerade, die Augen sind geschlossen und dein Blick richtet sich nach innen.

Zuerst atmest du tief in Bauch und Brustkorb ein. Atme lange und vollständig aus und lange und tief wieder ein. Die linke Hand bleibt entspannt auf dem linken Knie liegen, die rechte Hand ballst du locker zu einer Faust. Jetzt streckst du Daumen, Ringfinger und den kleinen Finger deiner rechten Hand wieder aus. Bringe jetzt die rechte Hand, beziehungsweise den rechten Daumen und Ringfinger ganz sanft an die oberen Nasenflügel, genau da, wo der knochige Teil ins Weiche übergeht.

Nochmal tief ausatmen und jetzt mit dem Daumen das rechte Nasenloch sanft schließen und nur durch das linke einatmen. Dann mit dem Ringfinger das linke Nasenloch verschließen und rechts ausatmen und einatmen.

Dann rechts verschließen, links aus- und wieder einatmen. Wiederhole die Atmung in deinem eigenen Rhythmus zwei bis drei Minuten.

Wenn du zum Ende kommen willst, atme abschließend durch dein linkes Nasenloch – links ist unsere ruhige Mondseite – aus. Bleibe noch einen Moment mit geschlossenen Augen still sitzen. Finde zurück zu deiner natürlichen Atmung und öffne dann langsam die Augen. Mithilfe der Wechselatmung kannst du dich auch gut auf eine Meditation oder die Endentspannung vorbereiten. Je nach Stimmung kannst du auch deine abendliche Yogapraxis damit beginnen.

Die Ruhestellung

Die Endentspannung in der Rückenlage ist eine der wichtigsten Haltungen im Yoga und sollte möglichst zum Ende jeder Übungsreihe praktiziert werden. Sie sieht ganz simpel nach Schlafen aus – und zugegeben dämmere ich manchmal sogar etwas weg – aber eigentlich möchte ich in dieser Haltung Körper, Geist und Atem loslassen und in Einklang bringen.

ÜBE AN EINEM RUHIGEN ORT. Suche dir eine nicht zu harte, aber auch nicht zu weiche Unterlage. Ein fester Teppich ist zum Beispiel gut geeignet. Du solltest den Kontakt deines Körpers zum Boden gut wahrnehmen können. Ziehe dich warm und bequem an. Vielleicht magst du dich auch zudecken, da der Körper während der Entspannung schnell auskühlt. Komme in die Rückenlage, die Arme liegen entspannt am Körper, etwas vom Oberkörper entfernt, die Handflächen zeigen nach oben. Wenn du dich schwach fühlst, ist es sehr angenehm, die Hände auf den Bauch zu legen. Die Beine sind ausgestreckt und liegen hüftbreit. Lasse die kleinen Zehen zum Boden sinken. Der Atem fließt weich durch deinen Körper.

GIB DAS GEWICHT deines Körpers an den Boden ab und spüre die Leichtigkeit und Weite. Entspanne alle Muskeln, von den Zehenspitzen bis zur Kopfkrone. Lasse jetzt alles los. Deinen Körper, deinen Atem und deine Gedanken. Bleibe in dieser totalen Entspannung so lange liegen, wie es sich gut anfühlt. Solltest du einschlafen, ist das völlig in Ordnung.

Möchtest du aus der Haltung herauskommen, vertiefe zunächst wieder deine Atmung. Bewege deine Zehenspitzen und Finger. Strecke deine Arme hinter den Kopf und ziehe dich lang. Bringe dann deine Knie zum Bauch, mache dich ganz klein und rolle so auf deine rechte Seite. Bleibe einen Moment in dieser Embryohaltung, die dir Wärme und Geborgenheit schenkt. Wenn du so weit bist, komme in einen aufrechten Sitz und nimm die Hände vors Herz. Neige deine Stirn zu den Fingerspitzen und nimm den Frieden, die Stabilität und die Ruhe in dir wahr. Hebe dein Kinn und öffne langsam die Augen.

Asanas

Lasse mit der folgenden Übungsreihe deinen Tag ausklingen. Sie hilft dir dabei, von den Anspannungen des Tages loszulassen und gut schlafen zu können.

BEGINNE IM FERSENSITZ → **A** mit aufgestellten Zehen oder mit den Fußrücken flach auf dem Boden. Wenn es dir zu unbequem ist, kannst du auch gerne eine Decke zwischen Ober und Unterschenkel legen oder dich in einen anderen aufrechten Sitz bringen. Lasse deine Schultern sinken und rolle sie erst langsam fünf- bis zehnmal von vorne nach hinten, anschließend von hinten nach vorne. Werde ganz locker im Schulterbereich und spüre, wie neue Energie in diese Partie strömt.

ATME EIN und komme mit der Ausatmung in die Kindeshaltung → **B** mit nach vorne gestreckten Armen. Deine Fußrücken liegen jetzt flach auf dem Boden, dein Po ruht auf den Fersen. Wenn dir das nicht gelingt, kannst du wieder eine gerollte Decke zwischen Ober- und Unterschenkel schieben.

DEINE HANDFLÄCHEN drücken in dieser Haltung leicht in den Boden, die Stirn berührt den Boden. Bleibe so eine Minute, lasse deine Gedanken los und entspanne dich. Komme einatmend wieder in den Fersensitz.

HEBE DEINEN PO und setze ihn rechts neben deine Fersen, strecke zunächst beide Beine nach vorne aus. Für die Kopf-zum-Knie-Haltung bringe deinen rechten Fuß an die Innenseite des gestreckten Beines, mit der Ferse möglichst nah am Schambein, dein rechtes Knie sinkt zu Boden. Falls du das Gefühl hast, dass dein unterer Rücken rund ist und du dich schwer aufrichten kannst, setze dich auf eine gefaltete Decke oder ein Kissen. Beide Sitzhöcker sollten guten Kontakt zum Boden haben, deine Hüfte ist nach vorne ausgerichtet. Ziehe die Zehen deines linken Fußes zu dir und drücke, wenn es dir möglich ist, die Oberschenkelrückseite in den Boden.

RICHTE DEINE WIRBELSÄULE mit der Einatmung auf und strecke deine Arme über die Seiten nach oben. Achte darauf, dass deine Schultern nicht nach oben ziehen. → **C** In der Ausatmung drehe dich leicht zu

A

B

C

D

E

F

G

H

deinem linken ausgestreckten Bein und beuge dich dann aus der Hüfte heraus mit geradem Rücken nach vorne. → **D** Mit den Händen kannst du dein Bein, den Knöchel oder den Fuß greifen – je nachdem, wie weit du kommst. Dehne dich jetzt mithilfe deiner Atmung. Bei jeder Einatmung streckst du deinen Rücken, bei jeder Ausatmung sinkst du etwas tiefer. Bleibe hier fünf bis zehn Atemzüge und komme dann mit der Einatmung langsam nach oben, richte dich noch einmal auf.

ATME AUS und bringe die linke Hand auf dein rechtes Knie, stelle die Fingerspitzen der rechten Hand hinter dir auf und komme in einen kleinen Twist. → **E** Drehe dich mit der Einatmung wieder zur Mitte und strecke beide Beine vor dir aus. Bleibe so einen Augenblick, bevor du die Seite wechselt und die kurze Sequenz dort wiederholst.

Die nächste Haltung, die sogenannte Schildkröte, → **F** hilft bei Schlafstörungen, beruhigt das Nervensystem und entspannt die Organe in deinem Bauchraum – also die perfekte Übung am Abend.

GRÄTSCHE IM SITZEN deine Beine und beuge die Knie leicht, sodass die Fußsohlen zueinander zeigen. Schiebe deine Arme von innen durch die Beine und lege die Unterarme, wenn möglich, auf dem Boden ab. Lasse deinen Kopf und deinen Bauch ganz weich Richtung Boden sinken. Atme entspannt in den Bauch ein und aus und ziehe dich gedanklich wie eine Schildkröte in dich zurück. Vielleicht magst du dabei deine Augen schließen. Löse die Haltung auf, indem du dich mit der Einatmung nach oben rollst. Komme dann in die Rückenlage und spüre einen Moment nach.

Bevor du dich in die Endentspannung begibst, komme noch in eine gestützte Umkehrhaltung. → **G** Lege dir dafür ein Kissen oder zwei zusammengerollte Decken zurecht. Bleibe in der Rückenlage und stelle die Füße auf. Hebe dein Becken leicht an und schiebe das Kissen oder die Decken unter dein Kreuzbein, lege dich dann wieder ab. Die Arme bleiben entspannt mit etwas Abstand neben dem Körper, die Handflächen sind nach oben geöffnet. Mit der Einatmung strecke deine Beine, eins nach dem anderen, nach oben aus und halte sie dort leicht gebeugt. Atme bewusst in den Bauch. In dieser Haltung kannst du gerne etwas länger bleiben. Deine Beine werden entlastet und dein ganzer Körper kann sich regenerieren.

Wenn du so weit bist, lasse die Knie zum Bauch sinken (optional). → **H** Bleibe hier einige Atemzüge, bevor du das Kissen beziehungsweise die Decken wegziehst und in die Endentspannung kommst.

Grundrezepte

Getreide & Co.

QUINOA FÜR 2 PORTIONEN

80 g Quinoa

250 ml Gemüsebrühe oder Wasser

1 TL Meersalz

1 EL Olivenöl

1 EL Zitronensaft (optional)

2 EL gehackte Kräuter nach Wahl (optional)

Quinoa unter fließendem Wasser so lange spülen, bis das Wasser klar bleibt. Anschließend die Quinoa mit Gemüsebrühe oder Wasser und Salz in einem Topf zum Kochen bringen. Zugedeckt bei mittlerer Hitze 15 Minuten sieden lassen, bis die Körner glasig sind.

Durch ein feinmaschiges Sieb abgießen und 10 Minuten ruhen lassen. In eine Schüssel füllen, mit einer Gabel auflockern und die Quinoa mit Öl und nach Belieben mit Zitronensaft und Kräutern servieren.

BUCHWEIZEN FÜR 2 PORTIONEN

100 g Buchweizen

200 ml Gemüsebrühe oder Wasser

1 TL Meersalz

1 EL Sonnenblumenöl

1 EL Zitronensaft (optional)

2 EL gehackte Kräuter nach Wahl (optional)

Buchweizen unter fließendem Wasser so lange spülen, bis das Wasser klar bleibt. Mit Gemüsebrühe oder Wasser und Salz in einen Topf geben und bei hoher Temperatur zum Kochen bringen. Zugedeckt bei niedriger Hitze 15 Minuten sieden lassen, bis die Körner die Flüssigkeit vollständig aufgenommen haben. Den gegarten Buchweizen erneut mit warmem Wasser abspülen und abtropfen lassen. Mit Öl und nach Belieben mit Zitronensaft und Kräutern servieren.

DINKEL FÜR 2 PORTIONEN

100 g Dinkel

160 ml Gemüsebrühe oder Wasser

1 TL Meersalz

1 EL Olivenöl

1 EL Zitronensaft (optional)

2 EL gehackte Kräuter nach Wahl (optional)

Dinkel in einem Sieb unter fließendem Wasser so lange spülen, bis das Wasser klar bleibt. In einer Schüssel mit reichlich frischem Wasser mischen und für mindestens 6 Stunden, besser über Nacht, einweichen. Abgießen und mit Gemüsebrühe oder Wasser in einem Topf zum Kochen bringen. Zugedeckt bei mittlerer Hitze 40–50 Minuten sieden lassen. Vom Herd nehmen und ca. 30 Minuten quellen lassen. Erst jetzt mit Meersalz abschmecken und mit dem Öl vermengen. Nach Belieben mit Zitronensaft und Kräutern servieren.

HIRSE FÜR 2 PORTIONEN

100 g Hirse

200 ml Gemüsebrühe oder Wasser

1 TL Meersalz

1 EL Olivenöl

1 EL Zitronensaft (optional)

2 EL gehackte Kräuter nach Wahl (optional)

Die Hirse in einem Sieb unter fließend heißem Wasser abspülen. Gemüsebrühe oder Wasser in einem Topf erhitzen, die Hirse zufügen und aufkochen. Bei mittlerer Temperatur 10–15 Minuten kochen. Vom Herd nehmen und zugedeckt weitere 10 Minuten quellen lassen, dabei nicht umrühren. Anschließend mit einer Gabel auflockern, Meersalz und Öl untermengen und nach Belieben mit Zitronensaft und Kräutern servieren.

Pesto

FÜR 1 GLAS À 400 ML

50 g Nüsse oder Kerne nach Wahl

50 g Hartkäse nach Wahl

2 Handvoll Pflanzengrün nach Wahl

70–100 ml Öl + etwas zum Auffüllen

Saft von ½ Zitrone

Abrieb von 1 Zitrone (optional)

1 Knoblauchzehe (optional)

Meersalz

Die Nüsse im Ofen bei 160 °C in 5–15 Minuten goldbraun rösten. Auf einem Teller abkühlen lassen. Den Käse fein reiben. Das Pflanzengrün waschen und trocken schleudern oder tupfen. Nüsse, Pflanzengrün, Öl und Zitronensaft in einem Mixer pürieren oder im Mörser fein zerstoßen. Den Käse unterrühren, nach Belieben mit Zitronenabrieb und gepresstem Knoblauch würzen, mit Meersalz abschmecken. In ein sauberes Glas füllen und ca. 1 cm hoch mit Öl bedecken.

NÜSSE UND KERNE: Pinienkerne, Zedernkerne, Mandeln, Cashewkerne, Pistazien, Walnüsse, Haselnüsse, Paranüsse, Pekannüsse, Macadamianüsse

KÄSE: Parmesan, Pecorino, Manchego, alter Gouda

PFLANZENGRÜN: Basilikum, Petersilie, Bärlauch, Rucola, Koriander, Löwenzahn, Minze, Spinat

ÖL: Olivenöl, Sonnenblumenöl

In einem sterilen Glas im Kühlschrank aufbewahrt hält sich das Pesto 1 Woche.

Hummus

FÜR 1 GLAS À 300 ML

100 g getrocknete Kichererbsen

½ TL Natron

6 EL Tahini

1 Knoblauchzehe

½ TL Kreuzkümmel (optional)

Saft von ½–1 Zitrone

Olivenöl (optional)

Meersalz

Die Kichererbsen in einem großen Topf mit viel Wasser mindestens 8 Stunden, besser noch länger, einweichen. Anschließend abgießen, abspülen und zusammen mit Natron und reichlich frischem Wasser zurück in den Topf geben. Aufkochen, Hitze reduzieren und in 1–2 Stunden garen, dabei immer wieder den Schaum abschöpfen. Die Kichererbsen abgießen und mit den übrigen Zutaten in einem Hochleistungsmixer fein pürieren. So viel kaltes Wasser oder nach Belieben Olivenöl zufügen, bis die gewünschte Konsistenz erreicht ist. Mit Meersalz abschmecken.

FÜR ETWAS MEHR ABWECHSLUNG Kräuter oder Gemüse mit in den Mixer geben, zum Beispiel:

1 Bund Koriander + Limettensaft (statt Zitronensaft)

1 Bund Petersilie + Olivenöl

1 Handvoll getrocknete Tomaten + Knoblauch

2 gegarte Rote Beten + 1 TL frisch geriebener Meerrettich

3 im Ofen geschmorte Möhren + Kreuzkümmel

1 Handvoll geröstete Pinienkerne

Nussmus

FÜR 1 GLAS À 300 ML

200 g Nüsse nach Wahl

Bis zu 4 TL Süßungsmittel nach Wahl
(optional)

1 TL gemahlene Gewürze nach Wahl
(optional)

1 Prise Meersalz (optional)

Die Nüsse in einem Hochleistungsmixer in 1–2 Minuten fein mahlen. Dann immer wieder auf der niedrigsten Stufe beginnend langsam auf mittlere Geschwindigkeit erhöhen. Diesen Vorgang so oft wiederholen, bis ein glattes Mus entsteht. Zwischen dem Mixen eine Pause von 2–3 Minuten einlegen – erst in den Ruhezeiten tritt das Öl aus den Nüssen. Wenn nötig, mit einem Spatel die Nüsse immer wieder nach unten schieben. Das fertige Nussmus nach Belieben mit Süßungsmittel, Gewürzen und Meersalz verfeinern, in ein Glas füllen, verschließen und kühl stellen.

NÜSSE UND KERNE, MILD: Cashewkerne, Macadamianüsse, Mandeln

NÜSSE UND KERNE, AROMATISCH: Haselnüsse, Paranüsse, Pekannüsse, Pistazien, Walnüsse

SÜSSUNGSMITTEL: Ahornsirup, Reissirup, Honig

GEWÜRZE: Zimt, Kardamom, Vanille, Tonkabohne

In einem sterilen Glas hält sich das Nussmus im Kühlschrank 14 Tage. Nussmus aus zuvor gerösteten Nüssen ist besonders aromatisch.

Chia-Marmelade

FÜR 1 KLEINES GLAS À 200 ML

200 g Obst nach Wahl

1–2 TL Zitronensaft (optional)

1–3 EL Süßungsmittel nach Wahl

Etwas Fruchtsaft (optional)

2 EL Chia-Samen

Obst putzen, gegebenenfalls schälen und würfeln. Nach Belieben mit Zitronensaft und Süßungsmittel verrühren und in einem kleinen Topf bei mittlerer Temperatur 2–10 Minuten köcheln lassen, bis das Obst weich ist. Bei Bedarf etwas Wasser oder Fruchtsaft zugießen. Mit einer Gabel zerdrücken oder mit dem Stabmixer pürieren und abkühlen lassen. Die Chia-Samen unter das Mus rühren und in ein steriles Glas füllen. Für mindestens 2 Stunden, besser über Nacht im Kühlschrank quellen lassen. Sollte die Chia-Marmelade am nächsten Morgen noch zu flüssig sein, etwas mehr Chia-Samen zufügen und erneut quellen lassen.

OBST: Himbeeren, Blaubeeren, Erdbeeren, Johannisbeeren, Brombeeren, Kirschen, Aprikosen, Pfirsiche, Nektarinen, Pflaumen, Äpfel, Birnen

SÜSSUNGSMITTEL: Reissirup, Ahornsirup, Honig

FRUCHTSAFT: Apfelsaft, Cranberrysaft, Johannisbeersaft, Kirschsaft

Die Marmelade hält sich in einem verschlossenen, sterilen Glas 5 Tage. Sind die Früchte weich (z. B. Beeren), lässt sich die Marmelade auch roh anrühren, diese hält sich im Kühlschrank nur 2 Tage. Für helle Früchte verwende ich gerne weiße Chia-Samen.

Kompott

FÜR 4 PORTIONEN

400–600 g Obst nach Wahl

2–6 EL Süßungsmittel
(je nach Säuregehalt des Obstes)

1 TL gemahlene Gewürze nach Wahl

2–10 EL Fruchtsaft (optional)

1 TL Zitronen- oder Limettensaft (optional)

Das Obst putzen, bei Bedarf schälen, entkernen und würfeln. Zusammen mit Süßungsmittel und Gewürzen in einen Topf geben. Nach Möglichkeit 10 Minuten ziehen lassen. Etwas Fruchtsaft oder Wasser zugeben, langsam erhitzen und bei mittlerer Temperatur 5–10 Minuten köcheln lassen, bis das Obst weich ist. Mit Süßungsmittel und Zitrussaft abschmecken. Abkühlen lassen und in einem Schraubglas im Kühlschrank aufbewahren.

OBST: Äpfel, Birnen, Pflaumen, Rhabarber, Stachelbeeren, Kirschen, Aprikosen, Pfirsiche, Nektarinen, Beeren, Weintrauben

SÜSSUNGSMITTEL: Reissirup, Ahornsirup, Honig

GEWÜRZE: Zimt, Kardamom, Ingwer, Vanille, Sternanis, Tonkabohne, Zitronenabrieb, Limettenabrieb

FRUCHTSAFT: Apfelsaft, Cranberrysaft, Johannisbeersaft, Kirschsaft

Joghurt

FÜR 2 GROSSE GLÄSER À 500 ML

1 l Kuh-, Ziegen- oder Schafsmilch
bester Qualität

150 g Bio-Joghurt oder 1 g Fermentpulver

Die Milch auf ca. 45 °C erwärmen und den zimmerwarmen Joghurt oder das Fermentpulver einrühren. Die Milch darf nicht zu heiß sein, da sich der Joghurt sonst nicht verfestigt. In zwei saubere, heiß ausgespülte Gläser füllen. Den Backofen auf 50 °C vorheizen und die Gläser auf den Rost in den Ofen stellen. Nach 30 Minuten den Ofen ausschalten und den Joghurt weitere 8–10 Stunden darin reifen lassen. Die Ofentür darf dabei nicht geöffnet und die Gläser dürfen nicht bewegt werden. Danach sollte sich schon der typische leicht säuerliche Geschmack entwickelt haben. Die Gläser verschließen, in den Kühlschrank stellen und den Joghurt dort fester werden lassen.

Gekühlt und in sterilen Gläsern hält sich der Joghurt 4 Tage. Wähle als „Startjoghurt" einen Naturjoghurt, dessen Geschmack du besonders gerne magst. Denn dein selbst gemachter Joghurt wird anschließend ähnlich schmecken wie der, den du zu Beginn gewählt hast.

**KOKOSJOGHURT
FÜR 2 GROSSE GLÄSER À 500 ML**

1 l Bio-Kokosmilch

1 g Fermentpulver

Kokosmilch erwärmen, mit Fermentpulver verrühren und in zwei sterile, verschließbare Gläser füllen. Wie oben beschrieben im Backofen bei 50 °C reifen lassen. Anschließend den Joghurt in den Kühlschrank stellen und dort fest werden lassen. Soll der Joghurt stichfest sein, ein Sieb mit einem Leintuch auslegen und den Joghurt darin 4–5 Stunden abtropfen lassen.

Kokosjoghurt hält sich in sterilen Gläsern im Kühlschrank 14 Tage.

Rezepte

Wohlfühlen

SIMONE WILLE hat in Salzburg und London Journalistik studiert und verfasst bis heute am liebsten Artikel und Bücher zum Thema Essen und Lebensstil. Wenn sie nicht gerade mit ihrem Mann und ihren Kindern auf Reisen ist, dann lebt, kocht und schreibt sie in München.

CATHERINE MOLL ist seit ihrem ersten „Namaste" vor fast zwanzig Jahren fasziniert von Yoga. Seitdem lernt und lehrt sie, loszulassen und dem Leben mit offenem Herzen, Präsenz und Achtsamkeit zu begegnen. In ihren eigenen Stunden begleitet die Münchnerin Menschen auf ihrem Weg, ohne den Anspruch zu haben, ein festgesetztes Ziel zu erreichen. Catherine ist nach dem Yoga Alliance Standard zertifiziert.

ALEXANDRA KASPER ist Münchnerin und Fotografin aus Leidenschaft. Die Schönheit von echten Momenten zu erkennen, festzuhalten und damit Geschichten zu erzählen, das ist es, was Alexandra an ihrem Beruf so begeistert. Sie fährt gerne Fahrrad, schätzt guten Kaffee und kennt wirklich jeden geheimen Platz am See.

Danke

Mein größter Dank geht an meinen Mann Felix und meine Kinder, ihnen ist das Buch gewidmet. Danke für die Unterstützung, das Vertrauen und die vielen schönen, lustigen und einfach gemeinsam verbrachten Momente.

Danke an Catherine und Alexandra für die wunderbare Zusammenarbeit, die guten Gespräche und die große Freude, die wir bei diesem Projekt miteinander hatten.

Meine Mutter hat mich großartig in der Küche (und überall sonst) unterstützt. Danke für alles.

Meine Schwester Ellen hat am Set mitgekocht, von meiner Schwester Julia habe ich meinen Morgenkaffee bekommen. Ein besonderer Dank geht an meinen Vater für seine Unterstützung und Großzügigkeit. Danke an Karin für viele liebevolle Extrastunden mit den Kindern.

Meine Nichten und ihre Freundinnen sind bei eisigen Temperaturen für die Fotos in den See gehüpft – eine echte Mutprobe!

Danke an meine Freundinnen für die vielen konstruktiven Gespräche.

Monika und Prisca haben für Ordnung, Ruhe und gute Stimmung am Set und bei uns zu Hause gesorgt – vielen Dank.

Danke auch an Anna und Peter, dass wir bei ihnen im Gemüsegarten fotografieren durften. Vielen Dank an die Familie Hirschhuber, die mir die schönen alten Holzuntergründe geschenkt hat.

Ein Dank an den Verlag, besonders an Lisa, Kathrin und Sophie für die gute Zusammenarbeit.

IMPRESSUM

5 4 3 2 1   21 20 19 18 17
978-3-88117-994-2

Text und Rezepte: Simone Wille
Text Meditation, Atmung und Yoga: Catherine Moll
Fotografie: Alexandra Kasper
Styling: Simone Wille
Lektorat: Lisa Frischemeier
Redaktion: Sophie Schwaiger
Cover, Layout und Satz: Stefanie Wawer
Litho: FSM Premedia, Münster

© Hölker Verlag in der Coppenrath Verlag GmbH & Co. KG,
Hafenweg 30, 48155 Münster, Germany
Alle Rechte vorbehalten, auch auszugsweise

www.hoelker-verlag.de